바뻬바니의 슬림핏 다이어트

인스타 홈트 여신 강현경의
예쁜 핏 살리는 **10일 홈 트레이닝**

나를 사랑하는 일에는 아무 조건도
필요없습니다.
다른 사람과 비교하며 나를 낮추거나
또는 우월감을 가지는 것이 아니라
나는 나대로 소중하다는 것을 알게 됐을 때
비로소 타인 또한 품을 수 있지요.
이 책을 통해 외적인 모습뿐만 아니라
내 몸과 마음을 소중히 아끼고 사랑하는,
내면까지 아름다운 여러분이 되기를
바랄게요.

−바베바니(강현경) 드림

바삐바니의 슬림핏 다이어트

인스타 홈트 여신 강현경의
예쁜 핏 살리는 **10일 홈 트레이닝**

여러분이 자신을 믿었으면 좋겠습니다.
오늘도 실패한 것 같지만,
늘 그렇게 하루하루를 해내온 당신인걸요.
지금까지 잘해왔고, 분명히 해낼 거라는 걸,
저는 믿어요.
반짝반짝 이루어내세요.
나 자신을 믿고 힘차게! 걸어나가세요.

'멈추지 않는 이상, 얼마나 천천히 가는지는
문제가 되지 않습니다.'
어떤 목표든 끝까지 포기하지 않고
서툴고 느리더라도 조금씩 나아가기를.
천천히 걸어가든 빨리 뛰어가든
넘어져도 바로 일어나는 지금 이 순간이 더
값지다는 걸 깨닫기를.
원하는 목표를 향해 빠르게 가지 못해
속상하고 지레 움츠러들기보다
차근차근 노력하며 더 단단해지기를.

탄수화물 중독녀의
파란만장 다이어트 이야기

저는 학창 시절 김치 하나에 밥 세 공기를 뚝딱하고 후식으로 빵, 라면, 과자를 먹던 탄수화물 중독녀였습니다. 상체에 비해 엉덩이와 허벅지만 찌는 완벽한 하체 비만형이었죠.

다행히 뼈대는 얇아 하체만 잘 가리면 꽤 날씬해 보였어요. 그러다 보니 '이 정도면 날씬한 거 아냐?' 하며 착각의 늪에 빠져 살았던 때도 있었죠. 그랬던 제가 어떤 계기로 현실을 직시할 수 있게 됐느냐! 바로 그 무렵 불어온 스키니진 열풍 때문이었어요. 당시 대유행이라 주변 친구들은 모두 스키니진을 입고 다녔거든요. 친구들이 예쁜 스키니진을 입고 가녀린 다리 라인을 뽐낼 때 저는 유행에 한참 뒤처진 통바지나 허벅지를 가리는 통 큰 치마를 입을 수밖에 없었죠. 한창 멋 부리고 싶은 나이였는데, 유행하는 바지 하나 입을 수 없다는 게 너무너무 암울했어요. 그렇게 허벅지는 저의 콤플렉스가 됐습니다.

처음에는 체중만 줄이면 꿈에 그리던 스키니진을 입을 수 있을 거라고 생각했어요. 바로 식사량을 줄이기 시작했죠. 밥은 새 모이만큼, 반찬은 간이 덜 된 것 위주로만 먹었어요. 먹는 걸 그렇게 좋아하던 저인데, 아무리 굳게 결심한들 그 좋던 먹성이 싹 사라질 리 만무했죠. 갑자기 먹는 양을 줄이니 한두 시간만 지나면 바로 허기가 졌어요. 앉았다 일어나면 머리도 어지러웠고요. 그럴 때마다 당이 떨어졌다는 핑계로 초콜릿이나 캐러멜을 집어 먹었고, 하나를 집어 먹으면 또 하나, 또 하나……. 눈앞의 간식이 없어질 때까지 멈출 수가 없었어요. '이왕 먹은 거 오늘까지만 먹고 내일부터 다시 시작하면 되지'라고 나약해지기를 수십, 수백 번.

배불리 먹는 순간만큼은 뭐든 다 할 수 있을 것 같았어요. 오늘 하루 실컷 먹으면 일주일을 굶어도 괜찮을 것 같았죠. 하지만 폭식한 다음 날이 되면 이상하게 더 못 참겠더라고요. 그럴 땐 그냥 모든 걸 내려놓고 밥, 빵, 라면, 초콜릿에 다시 손대기 시작했어요. 그렇게 폭식은 자연스럽게 짝꿍처럼 따라왔죠.

'이렇게 조절이 안 될 바엔 차라리 먹지 말자!'라는 극단적인 생각으로 다이어트에 좋다는 아메리카노만 마시며 하루를 버티는 간헐적 단식도 해봤어요. 빈혈이 생겨도 폭식도 안 하고 잘 참고 있다는 위험한 생각에 사로잡혀 살았는데, 지금 돌이켜보면 식욕을 잘 컨트롤한 게 아니라 언제 폭발할지 모르는 식욕을 꾹 참고 있었던 것 같아요. 그야말로 시한폭탄 그 자체였던 거죠. 그렇게 체중은 46kg까지 줄었지만 마냥 기쁘진 않았어요. 오로지 식이 조절만으로 살을 빼니 몸매는 탄력이 없고 먹는 양이 조금이라도 늘면 곧바로 체중이 불어났어요. 덕분에 틈만 나면 체중계에 올라가곤 했죠. 가장 빠지길 원했던 엉덩이와 허벅지도 줄어드는 체중이 무색하게 슬림해지지 않았어요. 상체가 빈약해지니 오히려 하체는 더 부각되는 불상사가 발생한 거죠. 이렇게 10대부터 시작해 20대까지 이어져온 저의 다이어트는 실패로 끝났답니다.

운동을 통해 찾은
진정한 행복

저의 이전 직업은 시각디자이너였어요. 화장실 갈 때만 빼고 하루 종일 앉아서 일을 하는데 거의 매일 새벽까지 야근했던 것 같아요. 일하다 식사 시간이 되면 밥 먹고, 군것질하고, 또 앉아서 일하고……. 이런 패턴을 반복하다 보니 자연스레 살이 찌더라고요. 도통 움직이지 않고 앉아만 있으니 가뜩이나 꽉 끼는 바지가 맞지 않고 배도 볼록 나오기 시작했어요. 일에 대한 스트레스, 망가지는 몸, 떨어지는 체력…….
게다가 감정 기복도 심해져 고스란히 같이 사는 가족에게 화살이 돼 돌아갔죠. 습관성 편두통에 조금만 무리하면 감기에 걸리고, 과민성 대장증후군까지 참 고달픈 회사 생활을 했어요. 가족과의 잦은 마찰, 체력적인 부침. 처음엔 내 정신력의 문제인가 싶어 묵묵히 이겨내려 노력도 많이 해봤어요. 그러다 스스로에게 수많은 질문을 던지기 시작했어요. '이 일을 앞으로 10년은 더 할 수 있을까?' '앞으로 10년을 일한다면 난 행복해하고 있을까, 아니면 지금처럼 불행해하고 있을까?' '내 삶에서 가장 중요한 건 뭘까?' 정답은 생각보다 빨리 찾을 수 있었답니다.

'난 지금 행복하지 않구나' '오랫동안 평생을 즐기며 할 수 있는 직업을 찾고 싶어'라는 생각을 하며 미련 없이 회사를 그만두었습니다.

퇴사 후 아무 생각 없이 '내 건강 먼저 챙기자'라는 마음으로 헬스클럽에 3개월간 등록했어요. 하루도 거르지 않고 뭔가 이겨내보려는 듯 운동에 빠져들었죠. 그러다 보니 몸도 마음도 건강해지고 하루의 시작이 즐거웠어요. 즐거움도 즐거움이지만 무엇보다 이 운동이라는 것을 전문적으로 해보고 싶다는 생각이 들었죠. '내가 느꼈던 이 느낌을, 이 활력을 다른 사람들에게도 전해주고 싶어'라는 결심이 섰고 바로 부모님께 말씀드렸어요. 하지만 어느 부모님이 자식이 멀쩡히 다니던 직장을 그만두고 한 번도 안 해본 운동만 하며 살겠다는데 그래라 하시겠어요. 부모님의 반대도 만만치 않았죠. 그런데 그때는 무슨 자신감이었는지 저의 미래가 두렵지 않았어요. 나의 행복을 위해, 또 나의 미래를 위해 가장 큰 용기를 냈던 '첫 순간'이었기에 결코 후회하지 않을 거라는 자신감이 있었던 것 같아요.

운동을 하면서 피곤하고 귀찮은 날도 있었지만 '오늘 가지 않으면 내일도 가기 싫을 거야. 오늘을 이겨내자!' 라고 스스로에게 늘 주문을 외웠어요. 가끔 열심히 해도 효과가 없거나 다시 살이 찔 것 같은 불안감이 들 때면 스트레스와 조바심도 생겼지만 '지금도 충분히 잘하고 있고 몸과 마음이 다 듣고 있다고 생각하자'라며 스스로 응원했습니다. 노력은 절대 배신하지 않는다는 걸 확신했으니까요!

튼실한 엉덩이와 허벅지 라인은 엄마도 놀랄 정도로 매끈해졌고, 로망이던 스키니진도 마음껏 입게 됐어요. 무엇보다 가장 많이 변한 건 '마인드'. 아무리 스트레스 받고 힘들어도 몇 시간만 집중해 땀 흘리면 금방 이겨내는 '으라차차!' 긍정 마인드를 갖게 됐죠. 작은 일 하나에도 큰 성취감을 느끼는 밝고 당당한 여자로 다시 태어난 거예요. 지금은 5년여 간의 프리랜서 강사 생활을 마친 후 전라북도 전주에 저의 필라테스센터를 열고 회원님들을 케어하며 건강한 라이프를 전도하고 있답니다!

쉽게! 즐겁게!
운동하는
슬림핏 다이어트

소셜네트워크서비스(SNS)를 통해 가장 많이 듣는 질문
중 하나는 바로 저의 실제 운동법이에요. 당장 공개하고
싶었지만 혹시 저에게만 효과가 있는 건 아닌지
조심스러웠어요. '조금 더 탄탄히 만들어 소개하자'
라는 마음으로 미흡한 부분을 수정하고 보완해가며
열심히 연구했답니다. 그리고 드디어! 완성해 이렇게
소개합니다!

'10일 슬림핏 프로젝트!' 여성들이 가장 선호하는
'슬림한 라인'을 모티프로, 지치지 않고 즐기며 할 수
있는 10일 루틴 프로그램이에요. 하지만 10일 만에
날씬해지기 프로젝트는 절대 아닙니다. 몸 전체를
자극하는 운동법으로 구성돼 꾸준히 반복하면 군살이
빠지고 균형 잡힌 S라인을 만들 수 있어요. 이 동작들이
익숙해지면 함께 소개한 '하드 트레이닝 프로젝트'로
이어가보세요. 훨씬 탄탄하고 멋진 몸매를 만들 수 있을
거예요.

제가 좌절하거나 지칠 때마다 떠올리는 김연아 선수의
명언을 이야기해드리고 싶어요. '99℃까지 열심히
온도를 올려놓아도 마지막 1℃를 넘기지 못하면 영원히
물은 끓지 않는다. 물을 끓게 하는 건 마지막 1℃.
포기하고 싶은 바로 그 1분을 참아내는 것이다.' 정말
멋진 말이죠. 저도 그 1분을 참지 못해 늘 실패했어요.
이 명언을 마음에 새긴 뒤로는 힘이 들 때면 "1분만 더,
1분만 더"를 외치며 버텨왔답니다.
슬림핏 다이어트를 시작한 순간부터 여러분은 물을
끓일 마지막 1℃의 시작 선상에 서게 된 거예요.
우리 포기하지 말고 즐겁게 해내봐요! 제가 끝까지
응원할게요.

CONTENTS

–

PART 3
화끈하게 지방 태우는
하드 트레이닝 프로젝트

\<바베바니의 슬림핏 다이어트\> 활용법

나만의 운동 루틴 만들기

사람마다 체형과 체질이 다르기 때문에 한 가지 운동 루틴(효율적인 운동을 위해 여러 동작을 순서대로 진행하는 것)이 모든 사람에게 민족을 줄 수는 없어요. PART 2와 PART 3에 소개하고 있는 운동 동작들을 하나씩 천천히 따라 해보고 자신에게 맞는 것을 골라 나만의 전신운동 루틴을 만들어보세요.

루틴대로만 하기보다 직접 루틴을 짜서 해보는 것도 운동을 즐기는 방법 중 하나가 될 수 있어요.

어렵지 않아요. 내가 선호하는 동작을 순서대로 짜면 돼요. 그리고 선호하는 동작으로 이뤄진 루틴이 어느 정도 몸에 익었다면 그다음부터는 내가 피하게 되는 동작(잘 쓰지 않는 근육들을 사용하도록)들을 순서대로 짜면 좋아요.

바베바니가 추천하는 루틴 가이드

각 루틴별 운동 동작은 PART 2와 PART 3에서 해당 날짜와 제목을 찾아가면 자세히 소개돼 있어요. QR코드를 찍으면 루틴별 운동 동영상을 볼 수 있습니다.

루틴 1 섹시한 뒤태 만들기 _____

4DAY 스완 → **4DAY** 스완 다이브 → **4DAY** 스위밍 → **4DAY** 스위밍 레벨 업 → **6DAY** 엎드려 킥 → **6DAY** 개구리다리 찌르기 → 하드 트레이닝 **EXERCISE 4** 플랭크 레그 킥 → 하드 트레이닝 **EXERCISE 2** 엘보 플랭크 트위스트 → 하드 트레이닝 **EXERCISE 5** 슬로 버피

루틴 2 뱃살 쏘옥, 홀쭉한 배 만들기 _____

5DAY J커브 척추 → **5DAY** J커브 척추 레벨 업 → **5DAY** 힙 서클 → **5DAY** 비틀어, 복부 → **6DAY** 조개 입 열기 → 하드 트레이닝 **EXERCISE 3** 사이드 플랭크 레그 킥 → 하드 트레이닝 **EXERCISE 4** 얼터네이트 플랭크 & 사이드 플랭크 → 하드 트레이닝 **EXERCISE 4** 오블리크 니 탭 → 전신 유산소운동 2

루틴 3 11자 모델 다리 만들기 _____

7DAY 제트업 → **7DAY** 닐링 스쿼트+제트업 → **8DAY** 반절 스쿼트 → **8DAY** 베이식 스쿼트 → **8DAY** 스쿼트+사이드 킥 → **9DAY** 스플릿 스쿼트 → **9DAY** 파이팅 런지 → 전신 유산소운동 1

나만의 운동 루틴 만들기

DATE	년 월 일 ~ 년 월 일

	MON	**TUE**	**WED**
WEEK 1			
WEEK 2			
WEEK 3			
WEEK 4			

PART 2와 PART 3에서 소개하고 있는 동작들을 하나씩 천천히 따라 해보고 더 자극이 되는 것을 골라 나만의 전신운동 루틴을 만들어보세요. 운동 전 스트레칭, 상체운동, 복부운동, 하체운동, 유산소운동, 마무리 스트레칭 순으로 하면 좋습니다.

THU	FRI	SAT	SUN

PART 1
—
바베바니에게
궁금한
모든 것

SNS로 많은 분과 소통하다 보면 다이렉트 메시지나
댓글을 통해 다양한 질문을 받아요. 틈틈이 답변을
하고 있는데, 가끔 '아, 이 질문과 답변은 공유하면
좋겠다'고 생각하던 것들이 있어요. 그 질문과
답변들을 모아봤습니다. 그동안 궁금해했을 것 같은
저에 대한 개인적인 질문들까지요. 여러분의 슬림하고
건강한 라이프에 도움이 됐으면 좋겠습니다!

바베바니처럼 예뻐지는
뷰티 시크릿

babebani

babebani ···

찰칵 ©

♡ ○ ◁   ⊓

좋아요 5,731개
babebani –

댓글 모두 보기

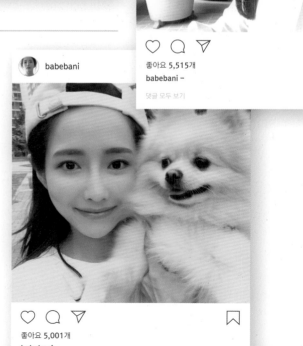

babebani ···

♡ ○ ◁   ⊓

좋아요 5,515개
babebani –

댓글 모두 보기

babebani

♡ ○ ◁   ⊓

좋아요 5,001개
babebani

babebani

Q1 운동할 때 메이크업은 전혀 안 하나요?

A 저의 경우 평소 회원님들을 마주할 때는 풀메이크업을 하는 편이에요. 제 나름의 회원님들을 맞이하는 철칙이죠. 하지만 화장을 한 채 운동해도 되느냐고 묻는다면 제 대답은 단호히 "No!"예요. 운동하며 흘린 땀과 노폐물이 화장품과 함께 모공을 막아 트러블이 일어나기 쉽기 때문이에요. 그래서 저 역시 땀을 많이 흘리는 개인 운동을 할 때는 파운데이션 등을 활용한 피부 커버 메이크업은 거의 안 한답니다. 운동할 때는 주로 자외선 차단제를 꼼꼼히 바르고 컨실러로 다크서클과 다크스폿을 가린 후 눈썹과 립 메이크업만 하는데, 이 정도만으로도 얼굴에 생기가 돌죠. 기초 제품은 화학성분이 없는 천연화장품을 선호합니다. 직업 특성상 땀이 나도 바로 씻지를 못하니까 얼굴에 트러블이 나기 시작하더라고요. 트러블에 좋다는 건 웬만큼 다 해봤는데 천연화장품이 신의 한 수였어요. 모공을 막지 않기 위해 바로 미지근한 물로 세안하고, 제품을 모두 천연화장품으로 바꾼 후 뾰루지 등 트러블이 생겨도 금세 가라앉게 됐답니다.

Q2 땀이 많이 난 후 어떻게 스킨케어를 하는지 궁금해요.

A 뜯어서 쓰는 얇은 화장솜을 스킨이나 물에 적셔 늘 냉동실에 보관해요. 열감이 있으면 아무래도 피부에 안 좋다고 하더라고요. 그래서 운동 후 얼굴이 달아올랐을 때, 또 화장 전 이 화장솜을 꺼내 얼굴에 1~2분 정도 올린답니다. 쿨링 효과가 아주 기가 막혀요! 베이스와 색조 메이크업을 한 날엔 리무버로 포인트 메이크업을 지우고 천연화장품 라인 중 밀크 타입 클렌저로 피부를 부드럽게 롤링하며 닦아줍니다. 피부 메이크업을 좀 두껍게 한 날엔 이 클렌징 과정을 2~3회 반복한 후 천연비누로 세안을 마무리해요. 그리고 물기 제거는 마른 수건이 아닌 따뜻한 물에 적신 후 꼭 짜낸 수건으로! 꼼꼼하게 세안을 해도 마른 수건으로 마무리하면 수건의 먼지가 도로 얼굴에 묻어 깨끗하게 세안했다는 느낌이 안 들더라고요.

babebani

좋아요 5,351개
babebani -
댓글 모두 보기

Q3 운동 후 꼭 샤워를 하는데, 보디 피부가 쉽게 건조해지더라고요. 특별한 보디 피부 관리법이 있나요?

A 샤워 후 몸에 물기가 남아 있는 상태에서 보디로션이나 보디크림을 꼭 발라요. 땀을 자주 내고 그만큼 자주 샤워를 하다 보니 몸이 금세 건조해지더라고요. 그러면 보디 피부도 쉽게 노화된다고 해서 빠트리지 않고 바르려고 노력해요. 수분감 있는 상태에서 로션을 바르면 흡수가 느려 다소 번거롭지만, 보습력은 최고로 좋아진답니다. 정말 추천해요!

Q4 인스타그램에 올라온 일상을 보면 메이크업 실력이 뛰어나던데, 평소 어떤 메이크업을 즐기세요?

A 어려서부터 메이크업에 관심이 많았어요. 이렇게 저렇게 온갖 메이크업을 시도해보면서 저에게 가장 잘 어울리는 톤을 찾았고 정착하게 됐지요. 먼저 눈두덩에 브라운 계열 컬러 아이섀도로 그러데이션하고 속눈썹은 뷰러로 집은 후 투명 픽서로 고정해요. 촬영이 있는 날은 더 선명하게 보이기 위해 마스카라로 마무리! 아래 속눈썹은 마스카라로 길게 빼줘 눈이 더 커 보이게 해요. 눈 아래는 펄 아이섀도로 생기를 주고요. 볼은 살구핑크 컬러 블러셔로 어려 보이게 포인트를 주고, 립은 톡톡 튀는 코럴 컬러 립스틱을 선호하는 편이랍니다. 립은 입술 라인에서 살짝 벗어나게 그리는 걸 좋아해요. 그러면 이목구비가 더 또렷해 보이거든요.

Q5 나만의 피부 관리 방법이 있다면요?

A 먹는 것으로 수분 섭취하는 것을 제일 중요하게 생각해 물을 자주 마시는 편이에요. 스킨케어의 철칙은 '아이크림은 절대 빼먹지 말자'이고요. 어려서부터 발라서인지 눈 밑 다크서클이나 주름이 적은 편이에요. 가성비 좋은 제품으로 얼굴 전체에 두루 바르는 걸 추천해요. 또 다른 원칙 하나! 평소 의식적으로 얼굴에 손대지 않으려 한답니다. 손이 제일 청결하지 못한 신체 부위 중 한 곳인데, 그런 손으로 자꾸 얼굴을 만지면 트러블의 원인이 된다고 하더라고요. 그리고 제가 생각하는 최고의 가성비 갑 관리 방법은 촉촉한 시트 마스크팩을 자주 하는 것! 단, 고농축 앰풀이 들어간 제품은 자주 하지 않는 게 좋다고 하니 참고해주세요.

Q6 셀룰라이트는 어떻게 관리하세요?

A 셀룰라이트가 올라올 기미가 보이면 최근에 자주 먹었던 음식들을 체크합니다. 기름진 것, 밀가루 음식, 달달한 것……. 그런 음식들을 많이 먹을 때 셀룰라이트가 심해지지요. 다들 알고 있죠? 무심코 먹었던 한 끼 그리고 간식이 셀룰라이트의 주범이라는 것! 제일 많이 밀집되는 부위는 바로 하체! 제가 늘 신경 쓰는 부위라 식이 조절과 유산소운동의 집중도를 높이며 관리하고 있습니다.

탄력 넘치는 몸매 만드는
바베바니식 식습관

Q1 평소 식단이 궁금해요.

A 아침은 간단하게 먹어요. 달걀프라이와 착즙주스를
함께 먹거나 바나나, 단호박, 검은콩을 우유와
함께 갈아 셰이크를 만들어 마시기도 합니다.
하루 한 끼는 밥을 먹어요. 탄수화물을 워낙
좋아해서 점심에는 꼭 밥! 된장찌개, 김치찌개,
비빔밥 등 뭐가 됐든 밥 종류로 먹습니다. 먹고
싶은 걸 그냥 먹는 경우도 있지만 양심상! 나름의 방법으로 칼로리가 좀 낮은 것을 찾아 먹는 편이에요.
예를 들어 볶음밥 대신 비빔밥, 토스트보단 샌드위치를 먹고 라면을 먹는다면 양파나 숙주 등 채소 듬뿍!
이런 식이죠. 점심을 든든하게 먹어도 오후 3~4시가 되면 배가 고파와요. 그럼 간식을 챙겨 먹죠. 참으려면
참을 수도 있지만 그런 날 저녁에는 꼭 폭식을 하게 되더라고요. 간식으로는 아몬드 같은 견과류나 삶은
달걀, 말린 과일, 시판 샐러드 등을 먹습니다. 저녁에는 단백질 위주의 식사를 하려고 노력해요. 대개
닭가슴살을 조리해 먹는데요. 칼로리가 낮은 코코넛 오일에 닭가슴살과 파프리카, 양파 등을 함께 구워
먹습니다. 곤약쌀로 지은 곤약밥이나 소고기를 구워 먹기도 해요. 일요일은 치팅데이(Cheating Day)예요.
이날만큼은 그동안 먹고 싶었던 것들을 제 자신에게 선물합니다. 하지만 치팅데이에 주의할 점은 바로
식사량이에요. 절!대! 폭식하지 말 것! 종류 선별에는 관대하되 과식은 자제해주세요.

	MON - SAT	SUN
아침	단호박+검은콩+바나나+우유 or 달걀프라이+착즙주스 or 샌드위치+저지방우유	
점심	자유식. 아무거나 1인분	치팅데이 (Feat. 먹고 싶은 건 뭐든지)
간식	삶은 달걀 or 샐러드 or 견과류	
저녁	구운 닭가슴살(전자레인지에 데워 먹는 시판 제품) or 소고기 스테이크 or 곤약밥 +채소(날것 또는 구운 것)	

바베바니의 다이어트
식이요법 원칙

---

1 적어도 하루에 물 2잔 이상은 꼭 마시기

전 하루를 미지근한 물 한 잔으로 시작해요. 그리고 하루 종일 수시로 물을 마시죠. 어느 여배우는 1시간마다 알람을 설정해두고 물을 마시기도 한다지요? 물에 집착하는 것에는 다 이유가 있는 것 같아요. 예쁜 몸과 피부를 만드는 데 물의 힘이 절대적이기 때문이죠. 먼저 물을 마시면 포만감이 생겨 식사량이 줄어들어요. 또 우리 몸의 신진대사를 활발하게 해 몸의 부기를 해소해주죠. 몸 속 노폐물을 밖으로 배출해 피부가 좋아지는 것은 물론이고요. 물 맛이 밍밍해 마시기 싫어하는 분도 많죠? 그럼 물에 슬라이스한 레몬이나 허브 티백을 넣어 마셔보세요. 훨씬 마시기 수월할 거예요. 텀블러에 담아 가방에 넣고 다니거나 눈에 잘 띄고, 손이 잘 닿는 곳에 놓아두는 것도 물을 자주 마실 수 있는 방법이에요.

2 밥을 먹을 땐 빨리 먹지 않고 꼭꼭 씹어 먹기

식사량을 줄이려면 식사 속도 역시 중요합니다. 우리 뇌는 음식물 섭취 후 최소 15~20분 정도는 지나야 포만감을 느낀다고 해요. 이 시간이 되기도 전 후다닥 식사를 끝내면 포만감을 느끼지 못해 더 많은 양의 음식을 먹게 되죠. 그래서 전문가들은 음식물을 한번 씹을 때도 20번 이상 천천히 씹는 식습관을 들여야 한다고 강조해요.

3 개인 접시에 먹을 만큼만 덜어 먹기

개인 접시는 여럿이 음식을 먹을 때 위생을 위해서도 필요하지만 먹는 양을 정확히 하기 위해서도 필요해요. 큰 그릇에 담긴 음식을 먹을 때는 일단 본인의 접시에 먹을 만큼만 덜어내세요. 바로 집어 먹거나 조금씩 계속 덜어내 먹다 보면 과식할 가능성이 매우 크답니다.

4 채소와 친해지기

전 저녁 식사의 주 요리가 무엇이 됐든 늘 채소와 함께 먹어요. 되도록이면 양상추나 파프리카처럼 아삭한 식감이 있는 것을 먹죠. 맛도 맛이지만 씹는 재미가 있어 먹기가 더 좋거든요. 채소만 먹어도 포만감이 꽤 만족스럽게 느껴져요. 자연히 주 요리는 조금만 먹어도 배부른 느낌이 든답니다.

5 절대로 굶지 않기

거의 굶다시피 하다 치팅데이에 무너지는 분을 많이 봤어요. "저는 평일 내내 엄청 힘들게 식욕을 참고 운동했는데 오늘 치팅데이에 마구 먹어버렸어요. 이렇게 무너지는 제가 너무 실망스러워요. 흑흑." 이런 이야기를 정말정말 많이 들었는데요. 이럴 때 제가 해드릴 수 있는 조언은 늘 같아요. "괜찮아요. 그렇게 굶다시피 하다 음식을 먹게 되면 누구든 이성을 잃고 폭식하게 돼죠." 굶는 다이어트는 금방 살이 빠질 수는 있어요. 그런데 이렇게 폭식으로 이어지는 경우도 많고요. 혹 당장은 원하는 체중을 유지하더라도 대부분 요요현상이 찾아와요. 평생 굶으면서 살 순 없잖아요. 우리 이 방법은 피하기로 해요!

바베바니의
운동 사생활

Q1 다이어트는 언제부터 했나요? 실패하지 않는 다이어트 방법이 너무나 절실해요.

A 18~19세 때부터 다이어트에 큰 관심을 가졌고, 시작은 '굶기'였던 것 같아요. 운동을 만나 제대로 시작한
다이어트는 20대 초·중반부터였어요. 실패하지 않는 다이어트 방법에 대한 저의 답변은 지속가능한
다이어트 계획을 세울 것! 다이어트 시작 전 말도 안 되는 계획은 주머니에 쏙 넣어주세요. 너무 무리한
다이어트 계획은 단시간에 포기하기 쉽고, 실패했을 땐 좌절감과 사기 저하로 다시 시작하기 두려워질 수
있거든요. 가장 먼저 할 일은 현재 나의 식습관을 체크하는 것. 스스로 아침, 점심, 저녁 식단을 써보세요.
정말 솔직히요. 매일매일 일기나 가계부 쓰듯 먹은 시간도 적고 내용도 적다 보면 나의 식생활에서 걷어내야
할 부분들이 보일 거예요. 먼저 내가 주로 먹는 것 중 고열량 음식부터 체크해서 피하려는 노력이 필요해요.
다음은 당연지사 운동입니다. 나의 체력에 맞게 실현 가능한 운동을 선택해 초보자는 30분, 능숙해지면
1시간 정도 실시해주세요. 운동할 수 있는 장소는 무조건 가까운 곳! 운동과의 궁합도 중요하지만 운동할
곳까지의 접근성도 굉장히 중요하답니다. 운동은 하고 나면 개운한데 하러 가기가 죽기보다 싫기도 하죠.
저만의 팁은 다음 날 입을 운동복을 미리 준비해 가방에 넣어두는 것! 10분, 20분이라도 좋아요. 조금씩
나에게 집중해 움직이다 보면 어느새 나의 몸은 달라져 있을 거예요. 하루라도 거르면 뭔가 찜찜하고 꼭
운동을 해야만 개운한 순간이 찾아올 거예요. 제 말을 믿어보세요.

Q2 하체 비만형이라 늘 고민스러워요. 바베바니 님도 하체 비만형이었다고 들었는데 어떻게 운동했나요?

A 하비족에게는 하체 스트레칭이 필수예요. 또한 운동 편식을 하지 않고 여러 신체 부위를 자극해줄 것을
당부드려요. 특히 평소 자극을 가하지 않는 부위에 집중도를 높인다면 효과는 배로! 하비족은 PART 2의
하체운동을 참고해주세요.

Q3 운동하기가 너무나 싫은 날이 바베바니 님에게도 있나요. 몸이 축 처져 아무것도 하기 싫은 날 어떻게
하세요?

A 왜 없겠어요. 저도 무척이나 많죠. 음, 그런 날은 오늘 쉬어도 후회하지 않을지 3번 정도 질문해요. 후회할 것
같다면 20~30분이라도 움직이고 오거나 정말 쉬어야겠다면 아무것도 하지 않고 푹 쉰답니다. 스마트폰도
잠시 넣어두죠. 하하. 쉬어야 일을 할 수 있듯 운동도 마찬가지예요. 괜한 압박감은 내려두기로 해요.

Q4 일주일 안에 뺄 수 있는 적정 체중이 궁금해요.

A 일주일은 너무 성급해요. 흔히 다이어트 계획을 할 때 최대한 빨리, 단기간에 이룰 수 있는 체중 감량에
마음이 휘둘리기 쉽죠. 그럴 수 있어요. 빨리 예뻐지고 싶고, 빨리 예쁜 옷을 입고 싶은 게 여자의
마음인걸요. 하지만 빨리 뺀 살은 빨리 돌아온다는 것을 잊지 말아주세요! 요요현상 없는 가장 이상적인
감량 체중은 한 달에 2~3kg입니다.

Q5 배에 근력이 없는데 복근운동을 하려니 목에 힘이 많이 들어가요. 목에 힘이 없는 사람은 복근운동을
어떻게 하나요?

A 집에서 쉽게 할 수 있는 복근운동은 윗몸 일으키기죠. 많은 분이 윗몸 일으키기를 배의 힘이 아니라 목의
힘으로 하는데요. 목에 힘이 많이 들어간다면 손 대신 수건으로 머리를 감싼 후 수건 양끝을 두손으로 잡고
상체를 들어올려주세요. 그럼 훨씬 목에 무리가 덜 갈 거예요. 윗몸 일으키기보다 복근운동에 좋은 운동은
플랭크예요. PART 3을 참고해 그 방법도 활용해보세요.

Q6 몸의 부기를 빼는 방법이 궁금해요.

A 정적인 방법은 올바른 정렬을 유지하며 전신 스트레칭을 하는 것과 따뜻한 물을 자주 마시는 거예요.
전 일어나자마자 공복에 따뜻한 물을 한 잔 마시고 몸을 데워줍니다. 그리고 동적인 방법으로 유산소운동을
약 20~30분간 병행하죠. 공복에 마시는 따뜻한 물과 유산소운동은 몸의 신진대사를 촉진하고 혈액순환이
원활해지도록 도와 몸의 부기를 빼는 데도 도움을 주죠. 단, 차가운 물은 피해주세요.

Q7 헬스클럽에 갈 수 없을 때 매일 운동할 수 있는 환경을 만드는 방법이 궁금해요.

A 운동시간에 맞춰 가야 하는 것 자체가 스트레스라서 운동을 하지 않는다는 분도 많죠? 집에서도 충분히
운동할 수 있답니다. 물론 환경 조성이 필요하죠. 먼저 운동하는 공간, 즉 자기만의 운동 스폿을 만드세요.
그리고 집에서 운동을 할 때는 꼭 그곳에서만 운동합니다. 운동 스폿으로 결정한 곳에 매트를 깔아두고,
눈에 잘 띄는 곳에 운동기구를 준비해두는 것이 포인트! 운동기구를 잘 정리해 깊숙한 곳에 보관하곤
하는데요. 그렇게 보관만 하다 잊어버리는 경우가 많아요. 꼭! 손이 잘 닿는 곳에 운동기구를 놓아두세요.

Q8 운동 시작 전 꼭 구비해야 하는 아이템이 있다면 뭐가 있을까요?

A 예쁜 운동복을 먼저 준비하세요. 육아가 '장비빨'이라고 하던데 운동도 마찬가지예요. 예쁜 운동복,
운동기구가 있으면 그걸 몸에 지니고 싶어 운동하러 가게 되죠. 이유야 어떻든 운동하러 갈 수 있는 동기가
된다는 게 중요한 것 같아요.

탐나는
바베바니의 스타일

Q1 바베바니 님은 몸매도 예쁘지만 스타일도 멋져요. 스타일리시한 운동복 매칭 방법이 궁금해요.

A 늘 운동복을 입고 있는 편인데 그래도 뭔가 저만의 개성도 살리고 싶었어요. 어떤 날은 귀엽게, 어떤
날은 여성스럽게, 또 어떤 날은 스포티하게 말이죠! 그래서 액세서리를 착용하거나 다른 스타일의 옷을
레이어드해 입기 시작했죠. 트레이닝복에 비니 또는 캡, 헤어밴드를 매치한다거나, 레깅스에 컬러풀한 긴
양말을 신는다거나, 허리 라인을 강조할 수 있는 크롭 티셔츠 또는 하이웨이스트 쇼츠를 레이어드한다거나
말이죠. 그날의 스타일이 스포티할 땐 미니 링 귀걸이 등 볼드한 액세서리를 매치한답니다.

Q2 볼륨감 있게 운동복 입는 방법이 있나요?

A 여성분들의 큰 관심사이자 가장 많이 받는 질문 중 하나가 운동복에 눌리는 가슴을 어떻게 하면 볼륨감을
살릴 수 있느냐는 것인데요. 몸에 착 달라붙는 운동복 때문에 있는 가슴마저 없어지는 경우가 생기죠. 흑흑.
이럴 때 전 패드를 외칩니다. ㅎㅎ 예전 제품들은 얇아서 2개 정도 넣어야 했는데 요즘 제품들은 볼륨감 있게
어찌나 잘 나오는지요. 이제는 운동복 입고도 눌리지 않는 가슴으로 당당해져보자고요!

Q3 운동복 고르는 팁이 있나요?

A 보통 입어보지 않고 대충 눈으로 보고 사이즈 맞는 것을 구매하는데요. 하지만 운동복도 입어보고 사야
해요. 초보자라면 더욱 그렇지요. 입어봐야 착용감이 어떤지, 불편하지는 않은지, 나에게 잘 어울리는지를
파악할 수 있겠죠. 다음에 구매할 때도 어려움이 없을 테고요. 그리고 잘 어울리는 운동복을 고르기 위해
가장 중요한 것은 나의 체형에 어울리는 디자인을 파악하는 것입니다. 예를 들면 어깨가 넓은 체형은

홀터넥 상의를 피하고, 하체 비만형이라면 화려한 컬러나 패턴의 레깅스는 입지 않는 거죠. 자주 입어볼수록 운동복을 고르는 안목도 좋아진답니다.

Q4 바베바니 님은 어떤 스타일의 운동복을 즐겨 입는지 궁금해요

A 저는 여성스러운 라인으로는 홀터넥 스타일을 좋아해요. 배가 드러나 보이는 크롭 티셔츠, 브라톱도 즐겨 입어요. 배를 드러내는 옷을 즐겨 입는 이유는 긴 상체를 커버하기 위함도 있고 복부에 항상 긴장을 유지하기 위해서이기도 해요. 그래서 의식해서 찾아 입으려 해요. 컬러 또한 중요하게 생각하는데 하늘색, 노란색, 분홍색, 연보라색 등 파스텔 톤을 즐겨 입어요. 화이트도 좋아하는데 저는 밝은 색이 잘 받더라고요. 아, 이건 개인적인 얘기인데 제가 인스타그램에 거울샷을 많이 게시하잖아요. 전 체중을 재기보다 몸 사진을 많이 찍는답니다. 일명 보디 체크! 그래야 항상 긴장이 되고 몸이 달라진 게 눈에 확 보이더라고요. 만약 거울샷 찍기가 힘들다면 체중을 재는 것보다 줄자로 허리나 팔, 다리 둘레를 재보거나 예전에 없었던 옷의 착용감을 비교해보세요. 내 몸의 변화를 알려면 그게 더 확실하답니다.

Q5 옷에 따라 헤어 스타일이 달라지는 것 같아요. 나름대로 어울린다고 생각하는 옷과 헤어 매칭 방법을 알려주세요.

A 정말 쉬워요! 여성스러운 운동복엔 정갈한 묶음 스타일이나 반묶음 또는 웨이브로, 발랄한 크롭 티셔츠나 브라톱에는 활동적인 느낌의 포니테일이나 양갈래 머리 또는 땋은 머리로 연출합니다.

PART 2
—
비기너를 위한
10일
슬림핏 프로젝트

이제 본격적으로 운동을 시작해볼까요? PART 2에서는
처음 운동을 시작하는 분도 쉽게 이해할 수 있도록 기본
동작은 물론 잘못된 자세, 효과를 배가할 수 있는 레벨 업
동작까지 상세하게 안내합니다. 운동 동작은 고민되는
부분을 집중적으로 할 수 있도록 신체 부위별로 구성했어요.
고민되는 부위는 좀 더 집중적으로! 아시죠?
꾸준히 운동을 한다는 것은 결코 쉬운 일이 아니랍니다.
그렇지 않다면 누구나 슬림하고 예쁜 몸매를 갖고 있겠죠.
어렵고 힘들기 때문에 오늘도 해내는 여러분이 멋지답니다.
꼭 땀을 흘리고 근육이 뻐근할 정도로 몸을 움직여야만
운동한 건 아니에요. 운동하기로 마음먹은 것, 그리고 해내기
위해 이 책을 펼쳤다는 것부터가 이미 여러분은 운동을
시작한 것이랍니다. 모두 파이팅!

PROCESS _____

WARMING UP! 기본 스트레칭

MAIN EXERCISE 신체 부위별 홈 트레이닝

1 DAY	**2** DAY	**3** DAY	**4** DAY	**5** DAY
어깨	날개살	겨드랑이	등	허리 & 복부

라크로스 볼 상체 마사지

6 DAY	**7** DAY	**8** DAY	**9** DAY	**10** DAY
엉덩이	허벅지	엉덩이 & 허벅지	엉덩이 & 허벅지 뒤쪽	허벅지 안쪽

라크로스 볼 하체 마사지

기본 스트레칭

"본격적인 운동 전 전신 스트레칭은 필수예요. 몸이 근육운동을 하기 좋은 상태가 돼 부상을 줄일 수 있고, 할 수 있는 운동 동작의 범위를 넓혀주거든요. 운동할 시간이 없다면 그날은 간단히 스트레칭만 해도 좋아요. 피곤도 풀리고 몸도 훨씬 가벼워질 거예요. 특별히 불편한 신체 부위가 있다면 그 부분만 반복해보세요. 한결 편안해지는 것을 느낄 수 있을 거예요."

STRETCHING TIP
- 동작 유지하는 시간은 가능하다면 1분 이상 충분히 가지세요.
- 마무리 운동은 스트레칭 마지막에 해주세요.

목 승모근

1 -
허리를 바르게 세우고 앉으세요.
이때 두 손은 엉덩이 옆에
편안히 내려놓으면 됩니다.

2 -
오른손을 왼쪽 귀 위쪽에 댄 후
오른쪽으로 당깁니다. 15초간
유지. 반대쪽도 같은 방법으로
실시합니다.

3 -
두 손을 뒤통수에 댄 후 살포시
앞으로 당깁니다. 15초간 유지.

4 -
두 손을 마주댄 후 엄지손가락을
턱 아래에 둡니다.

5 -
엄지손가락을 천천히 천장을
향해 올립니다. 15초간 유지.

척추

1 -
허리를 바르고 세우고 앉은 후 깍지 낀 두 손을 머리 위로 들어주세요. 이때 손바닥은 천장을 향합니다.

2 -
골반을 고정한 뒤 옆구리를 접는다는 느낌으로 왼쪽부터 내려갑니다.

3 -
그대로 사선, 정면, 사선, 오른쪽으로 원을 그립니다.

4 -
반대쪽도 같은 방법으로 실시합니다. 좌우 3회씩.

어깨

1 –
허리를 바르게 세우고 앉은
후 두 팔을 활짝 열어주세요.
왼팔을 오른쪽으로 뻗은 후
오른팔을 왼쪽 손목에 대고
당깁니다.

2 –
이때 시선은 손끝과 반대 방향을
향합니다. 15초간 유지.

3 –
뻗었던 왼팔을 머리 뒤로
넘긴 후 오른손으로 팔꿈치를
당겨 삼두근을 늘입니다.
15초간 유지.

4 –
팔꿈치를 당기는 상태에서
옆구리를 접는다는 느낌으로
오른쪽으로 서서히 내려갑니다.
15초간 유지 후 제자리.
반대쪽도 같은 방법으로
실시합니다.

🍑 하체

1 -

오른다리는 ㄱ자로 세우고,
왼다리는 ㄴ자가 되게
앉아주세요. 두 손은 허리에
올립니다.

2 -

엉덩이를 뒤로 내밀었다 다시
조이며 장요근(허리엉덩근)과
허벅지 앞쪽을 풀어줍니다.
15초간 유지.

3 -

시작 자세로 돌아온 후
오른다리에 무게 중심을 이동해
왼다리를 뒤로 뻗습니다.
이때 상체는 굽히지 말고 바르게
세웁니다.
15초간 유지.

4 -
그대로 엉덩이를 뒤로 **빼며**
상체를 숙이고 두 손은 바닥에
내려둡니다. 오른다리를 늘여
발끝을 당겨주세요.
15초간 유지.

5 -
다시 시작 자세로 돌아온 후
오른다리는 제기차기를 하듯
발목과 무릎을 수평으로 맞춰
접고, 왼다리는 뒤로 뻗습니다.

6 -
그대로 엎드립니다. 15초간
유지. 상체를 세우고 그대로
반대쪽도 같은 방법으로
실시합니다.

7 -
마지막으로 두 다리를 앞으로
쭉 뻗은 후 툴툴툴 털어주세요.

마무리 운동

목 정렬

허리를 세워 바르게 앉은 후
오른손으로 머리를 밀어내며
목의 정렬을 맞춰주세요.
10초간 유지. 이때 머리가
한쪽으로 기울지 않도록
주의합니다. 반대쪽도 같은
방법으로 실시합니다.

어깨 정렬

오른손으로 왼쪽 어깨를
밀어내듯 누릅니다. 이때
어깨도 손을 밀어내듯 해 서로
밀어낸다는 느낌을 받아야
합니다. 시선은 오른쪽 사선
아래를 향하며 승모근을
늘입니다. 반대쪽도 같은
방법으로 실시합니다.

EXERCISE TIP

⏰ 옆구리가 비틀어지거나 어깨가
앞뒤로 움직이지 않도록 몸통을
반듯하게 유지하며 동작합니다.

척추 정렬

두 다리를 골반 너비로 열고
시선은 정면을 향합니다.
머리부터 구부리기 시작해 목,
어깨 순으로 바닥을 향해 축
늘어지듯 내려갑니다. 복부는
둥글게 축구공을 말듯 한 채
손끝이 바닥에 닿지 않을
정도로 내려간 후 편안하게
3~5회 호흡(흉곽성 복부호흡)
을 합니다.
다시 복부를 아래부터 펴며
올라와 척추를 바로 세웁니다.

EXERCISE TIP

⏱ 몸이 굵은 철사가 됐다고
생각하며 머리부터 천천히
구부리며 내려갑니다. 제자리로
돌아올 때는 골반부터 철사가
다시 펴지듯 정수리까지 몸을
늘이며 올라옵니다.

호흡법

흉곽성 복부호흡

우리가 평소 본능적으로 들이마시고 내쉬는 호흡을
흉식호흡이라고 해요. 이 호흡은 깊이가 얕고 빠르기 때문에
불규칙하고 많은 공기를 마시기가 힘들어요. 더불어 목과 어깨에
불필요한 긴장이 생기고 복부의 안정성을 떨어뜨립니다.
이 같은 단점을 보완한 호흡법이 바로 '흉곽성 복부호흡'이에요.
흉식호흡을 하는 일반인들은 폐의 기능을 3분의 1정도밖에 사용
하지 못하는 데 반해 이 호흡법으로 숨을 쉬면 폐 속 깊이 호흡할
수 있어요. 덕분에 몸 안의 좋지 않은 가스들까지 배출할 수
있죠. 이 호흡법은 우리 몸의 중심부인 코어를 안정화하는 데도
도움을 줍니다. 처음에는 조금 어색해도 의식적으로 이 방법으로
호흡해보세요. 흉곽성 복부호흡이 익숙해지면 동작과 호흡을
효율적으로 연결해 움직이는 데도 도움이 된답니다.

호흡 자세

NG

OK

How to

※ **코로 숨을 들이마시는 이유** 코털이 불순물을 걸러 공기를 필터링하고, 훨씬 많은 공기를 마실 수 있어요.

※ **입으로 숨을 내쉬는 이유** 호흡을 길게 내쉴 수 있고 복부 근육의 기능을 활발하게 합니다. 호흡량을 조절하며 리듬감 있게 운동할 수 있어요.

1 -
허리를 바르게 세우고 앉으세요.
이때 몸의 무게 중심을 꼬리뼈
쪽으로 옮깁니다.

2 -
두 팔을 교차한 후 손바닥을
갈비뼈 위에 살짝 얹어줍니다.
갈비뼈의 움직임을 통해
제대로 호흡하고 있는지 알 수
있습니다.

3 -
배꼽을 납작하게 조여 등 쪽으로
붙인다고 생각합니다.

4 -
코로 숨을 들이마시면서
갈비뼈 사이사이를 풍선처럼
부풀립니다. 이때 목과 어깨가
긴장하지 않도록 호흡의 80%
정도만 마신다고 생각합니다.
가슴이 들썩이지 않도록
주의해주세요.

5 -
입으로 숨을 내쉬면서 부풀렸던
갈비뼈 사이사이를 다시 쫀쫀하게
조입니다. 이때 아랫배가 불룩
튀어나오지 않게 주의합니다.

예쁜 어깨

어깨 근육을 자극해 쇄골 라인과 어깨 라인을 예쁘게 잡아주는 동작들을
모아봤습니다. 동작을 따라 할 때 손목이나 어깨에 통증이 느껴진다면 멈춰주세요.

EXERCISE TIP

☾ 손목에 불편한 느낌이 있다면
   손바닥 끝 부분에 두께감 있는
   패드나 수건을 대고 손목이
   꺾이는 각도를 줄여 실시합니다.

☾ 시선은 손끝 살짝 위로
   고정합니다.

4point 자세 * 네발기기 자세

어깨운동의 자세예요. 마치 네 발로 기는 모습과 비슷해 '네발기기
자세'라고도 부릅니다. 이 자세를 취하는 것만으로도 어깨 근육과
복부, 팔다리 등 몸 전체가 자극되는 전신운동 효과가 있어요. 동작을
취하고 호흡만 제대로 해도 몸 전체의 안정성이 높아지고 약한 어깨가
강화된답니다. 간단한 동작처럼 보여도 생각보다 힘들고 어려운
자세예요. 어깨운동을 할 때 이 자세를 제대로 하는 것만으로도 효과는
물론 부상 위험도 적어지니 꼭 익혀두세요.

두 손은 어깨너비로 열어 바닥에 대고 어깨와 무릎이 수직이 되게
엎드립니다. 이때 다리는 골반 너비로 열어주세요. 배는 들어올려
목, 등, 허리가 일직선이 되게 합니다. **손가락을 활짝 펼쳐 체중을
분산시키고 팔꿈치를 몸통 방향으로 구부려 손목과 팔꿈치 관절에
무리가 가지 않게 해주세요.**

WORST POSE

복부에 힘을 주지 않으면 허리가
꺾이고 무게 중심이 손목에만
실려 어깨가 올라가요. 허리가
꺾이지 않게, 허리가 둥글게 말리지
않게, 팔꿈치가 꺾이지 않게, 턱을
치켜들거나 바닥으로 떨어뜨리지
않게 주의해주세요.

1DAY

2DAY

3DAY

4DAY

5DAY

6DAY

7DAY

8DAY

9DAY

10DAY

1_ 날개뼈 운동

1 -
어깨 아래에 손목, 골반 아래에
무릎이 오도록 4point 자세를
합니다.

2 -
숨을 들이마시면서 날개뼈가
등 뒤로 튀어나오게 합니다.

3 -
숨을 내쉬면서 손바닥으로
바닥을 밀어내며 등을 평평하게
만듭니다.

4 -
②~③을 5회 실시한 후 그대로
멈춥니다.

5 -
흉곽성 복부호흡을 5회 한 후
①~④를 5세트 반복합니다.

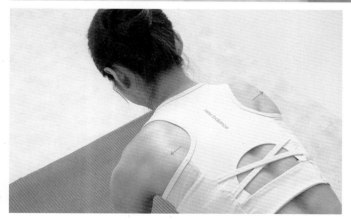

2 _ 한 팔 띄우기

1 -
4point 자세를 합니다.

2 -
숨을 들이마시고 내쉬면서
오른팔을 귀 옆으로 뻗어주세요.
편안하게 흉곽성 복부호흡을
하며 10초간 유지한 후 팔을
내리고 시작 자세로 돌아옵니다.

3 -
반대쪽도 같은 방법으로
실시합니다. 좌우 4세트씩.

EXERCISE TIP

⏱ 한 팔을 띄워 버티기 때문에 어깨의 밸런스와 삼각근 강화에 도움을
   주는 동작입니다.

⏱ 팔을 들었을 때 어깨의 좌우 높이가 달라지지 않도록 평행을
   유지해주세요.

1 DAY ——

2 DAY

3 DAY

4 DAY

5 DAY

6 DAY

7 DAY

8 DAY

9 DAY

10 DAY

3_ 한 다리 띄우기

1 -
4point 자세를 합니다.

2 -
숨을 들이마시고 내쉬면서
오른다리를 뻗어 골반 높이로
들어주세요. 흉곽성 복부호흡을
하며 10초간 유지합니다.

3 -
반대쪽도 같은 방법으로
실시합니다. 좌우 4세트씩.

EXERCISE TIP

◎ 틀어진 골반을 교정하는 효과가 있습니다.

◎ 골반이 좌우로 틀어지지 않도록 평행을 유지해주세요.

LEVEL UP

오른다리는 골반 높이로 유지, 짧게 내쉬면서 빠르게 다리를 10회 올렸다 내렸다
해주세요. 반대쪽도 같은 방법으로 실시합니다. 좌우 3세트씩.

4_ 팔다리 띄우기

1 -
4point 자세를 합니다.

2 -
숨을 들이마시고 내쉬면서
왼팔과 오른다리를 뻗어주세요.
10초간 유지.

3 -
반대쪽도 같은 방법으로
실시합니다. 좌우 3세트씩.

EXERCISE TIP

☾ 목, 어깨, 골반 균형에 탁월한 효과가 있는 동작입니다.

☾ 어깨, 골반 정렬이 흐트러지지 않도록 주의해주세요.

LEVEL UP *리듬감 주기

4point 자세를 한 후 숨을 들이마시고 내쉬면서 왼팔과 오른다리를
뻗습니다. 숨을 내쉬면서 손바닥과 발등을 빠르게 바닥에 내렸다 올렸다
반복합니다. 반대쪽도 같은 방법으로 실시합니다. 좌우 3세트씩.

1 DAY

2 DAY

3 DAY

4 DAY

5 DAY

6 DAY

7 DAY

8 DAY

9 DAY

10 DAY

5_ 무릎 띄우기

1 -
4point 자세를 합니다.

2 -
숨을 들이마시고 내쉬면서 손바닥으로 바닥을 밀어내며 양 무릎을 탁구공 크기만큼 띄워주세요. 편안하게 호흡하며 10초간 유지.

3 -
①~②를 3세트 반복합니다.

EXERCISE TIP

☑ 어깨와 복부 근육을 강화하는 동작입니다.

☑ 몸통에 힘이 풀려 허리가 꺾이지 않도록 복부를 조여줘야 해요.

LEVEL UP

1. 4point 자세에서 어깨 아래 일직선이 되도록 손바닥을 바닥에 짚은 후 손바닥으로부터 무릎이 멀어지도록 **무릎을 뒤로 보내줍니다.**
   (손바닥으로부터 무릎이 멀어질수록 강도가 올라갑니다).

2. 숨을 들이마시고 내쉬면서 손바닥으로 바닥을 밀어내며 양 무릎을 탁구공 크기만큼 띄워주세요. 편안하게 호흡하며 10초간 유지.

3. ①~②를 3세트 반복해주세요.

슬림한
쇄골 & 어깨
라인

팔뚝살 정리는 물론 매력적인 쇄골 라인과 어깨 라인을 만들어주는 운동법입니다.
어깨뿐 아니라 팔 앞과 뒤, 옆 할 것 없이 모두 자극받는 걸 느낄 수 있을 거예요.
쇄골부터 어깨, 팔뚝살을 예쁘게 정리하고 싶다면? 바로 Go Go!

1_ 상체 숙여 쥐어짜기

1 -
허리를 바르게 세우고
앉으세요. 두 팔은 주먹 쥐고
옆구리에서 살짝 띄운 후
90도로 구부려주세요.

2 -
숨을 들이마시면서 상체를
사선으로 숙입니다.

고정

3 -
숨을 내쉬면서 팔꿈치를
고정시켜 팔을 뒤로 뻗습니다.
접었다 폈다를 10회 실시합니다.

EXERCISE TIP

⏱ 팔 뒤 라인을 정리하고 척추기립근을 단련해줍니다.

⏱ 동작을 하는 동안 팔꿈치가 움직이지 않도록 고정해주세요.

LEVEL UP

강도를 높이고 싶다면 물병을 들고
실시해주세요.

1 DAY

2 DAY ————

3 DAY

4 DAY

5 DAY

6 DAY

7 DAY

8 DAY

9 DAY

10 DAY

위아래로

4 -

팔을 뒤로 뻗어 펌핑하듯
위아래로 올렸다 내렸다를
10회 실시합니다. 3세트 반복.

EXERCISE TIP

⌚ 팔을 움직일 때 몸이 흔들리거나
목이 움직이지 않도록
주의합니다.

BONUS 손목이 약한 비기너를 위한 어깨운동

1. 허리를 세워 바르게 앉으세요.
이때 두 팔은 주먹 쥐고 팔꿈치를
옆구리에서 뗀 후 90도로
구부려주세요.

2. 숨을 들이마시고 내쉬면서
팔꿈치를 고정하고, 쇄골이 옆으로
길어지듯 주먹을 바깥쪽으로
열어줍니다. 날개뼈를 뒤로 모아주는
느낌으로 무겁게(아령을 들고 있는
것처럼) 10회, 3세트 반복합니다.

3. 시작 자세를 유지합니다.

4. 숨을 들이마시고 내쉬면서
팔꿈치를 위로 들어주세요. 이 또한
빠르게 시행 하는 것보다 천천히
무겁게(아령을 들고 있는 것처럼)
10회, 3세트 반복합니다.

EXERCISE TIP

⌚ ①~④ 동작을 연결해 음악에
맞춰 10회, 3세트 해보세요.

LEVEL UP

강도를 높이고 싶다면 물병을 들고
실시합니다.

2_ 한 팔 접어 푸시업

1 -
몸을 옆으로 길게 늘인 뒤
두 다리를 겹칩니다. 오른손은
어깨에서 멀리 바닥을 짚고,
왼손은 몸통 위에 올려 인어
자세를 취합니다.

2 -
숨을 들이마시면서 팔꿈치를
접어 내려가고, 숨을 내쉬면서
손바닥으로 바닥을 밀어내며
팔꿈치를 펴주세요.
팔꿈치를 접었다 폈다 하는
동작을 10회 실시합니다.

3 -
반대쪽도 같은 방법으로
실시합니다. 좌우 3세트씩.

EXERCISE TIP
⏱ 골반이 앞뒤로 빠지지 않도록 주의합니다.

3_ 두 팔 접어 푸시업

DAY
2DAY ─
DAY
DAY
DAY
DAY
DAY
DAY
DAY
10DAY

1 -
4point 자세를 한 후 손바닥을 어깨보다 10cm 정도 앞으로 내밀어주세요.

2 -
숨을 들이마시면서 팔꿈치를 접어 내려갑니다. 이때 엉덩이가 뒤로 빠지지 않도록 주의하세요.

3 -
숨을 내쉬면서 손바닥으로 바닥을 밀어내며 올라옵니다.

4 -
②~③을 10회 실시합니다. 3세트 반복.

EXERCISE TIP

◎ 팔뚝살 정리와 어깨 강화에 도움을 주는 동작입니다.

◎ 팔꿈치를 접어 내려갈 때 쿵~ 떨어지지 않도록 버티는 것이 포인트!

◎ 흉곽성 복부호흡을 해주세요.

3 DAY

겨드랑이살
타파

겨드랑이를 자극하는 운동법이에요. 스트레칭 외 모든 동작에서 겨드랑이에 힘이 들어간다 생각하고 실시하면 좋아요. 마치 주먹을 꽉 쥐어 힘을 쓰는 것처럼 말이죠. 이 동작들을 집중적으로 하면 다가올 여름에 튀어나오는 겨드랑이살 걱정 없이 홀터넥이나 슬리브리스를 입고 거리를 활보할 수 있을 거예요.

1_ 겨드랑이 스트레칭 1

1 -
허리를 바르게 세워 앉은 후 두 손을 깍지 끼고 머리 위로 올립니다.

2 -
명치를 앞으로 당기듯 가슴을 내밀고 팔을 뒤로 천천히 넘겨주세요. 10초간 유지.

NG

허리가
꺾이지 않게
주의합니다.

3 -
①~②를 4회 실시합니다.

2 _ 겨드랑이 스트레칭 2

1 DAY

2 DAY

3 DAY ——

4 DAY

5 DAY

6 DAY

7 DAY

8 DAY

9 DAY

10 DAY

1 -
허리를 바르게 세워 앉은 후
팔을 등 뒤로 뻗은 다음 두 손을
깍지 낍니다.

2 -
팔을 위로 들며 명치를 앞으로
당깁니다. 10초간 유지.

3 -
①~②를 4회 실시합니다.

EXERCISE TIP

◎ 두 동작 모두 명치를 앞으로 당길 때 허리가 과도하게 꺾이지 않도록
   주의해주세요.

◎ 거북목이 되지 않도록 주의하세요.

3_ 숄더 로테이션

1 -
허벅지가 바닥에 수직이 되도록
무릎으로 앉으세요. 이때
두 다리는 어깨너비로 열고
두 손바닥은 허벅지에 붙입니다.

2 -
숨을 들이마시고 내쉬면서
양 손바닥을 앞쪽을 향하게
열어 쇄골이 옆으로 길어지는
느낌으로 늘입니다.

1 DAY
2 DAY
3 DAY ──
4 DAY
5 DAY
6 DAY
7 DAY
8 DAY
9 DAY
10 DAY

3 -
몸통 뒤를 향하고 있는
엄지손가락 방향으로 팔을
들어줍니다. 날개뼈를
의식적으로 모아주며 흉곽성
복부호흡을 2회 합니다.
10회 실시.

EXERCISE TIP

☑ 손목이 꺾이지 않도록 주의합니다.

☑ 팔 전체를 회전시킨다고 생각하며 실시합니다.

☑ 어깨가 안쪽으로 굽은 라운드 숄더를 펴주는 데 탁월한 효과가 있습니다.

☑ 팔을 넘길 때 목이 숙여지거나 허리가 꺾이지 않도록 주의해주세요.

4_ 하드 숄더 로테이션

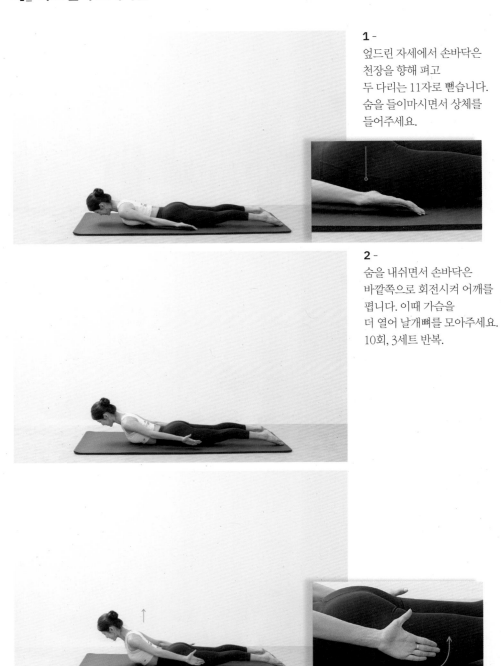

1 –
엎드린 자세에서 손바닥은
천장을 향해 펴고
두 다리는 11자로 뻗습니다.
숨을 들이마시면서 상체를
들어주세요.

2 –
숨을 내쉬면서 손바닥은
바깥쪽으로 회전시켜 어깨를
폅니다. 이때 가슴을
더 열어 날개뼈를 모아주세요.
10회, 3세트 반복.

5_ 암X크로스

1 DAY
2 DAY
3DAY ─────
4 DAY
5 DAY
6 DAY
7 DAY
8 DAY
9 DAY
10DAY

1 -
허리를 바르게 세워 앉은 후
숨을 들이마시면서 두 팔을
어깨 높이로 듭니다.

2 -
숨을 내쉬면서 겨드랑이를
조이며 두 팔이 X자가 되게
합니다. 겨드랑이를 조이며
팔을 위아래로 교차해주세요.

3 -
처음 자세로 돌아와 10회,
3세트 반복.

EXERCISE TIP

☑ 겨드랑이를 늘어짐 없이 탄탄하게 만드는 동작입니다.

☑ 팔을 움직일 때도 복부에 힘은 유지해주세요.

뒤태미인!
섹시한 등

몸의 뒤태를 전체적으로 매끈하게 정리해주는 운동법이에요. 더불어 척추 주변 근력까지 강화해주는 동작들이랍니다. 자세가 구부정한 분들은 자세 교정 효과까지 볼 수 있을 거예요. 동작을 할 때 목을 너무 숙이거나 꺾으면 목에 무리가 가니 주의하세요.

1_ 스완 예비 동작

NG

바닥을 짚는 손의 중지와 손목, 팔꿈치가 일직선이 되게 합니다. 손목이 틀어지지 않게 주의해주세요.

1 -

엎드려 누운 후 두 팔은 어깨 옆에 W자로 놓습니다. 발등은 바깥쪽을 향하도록 하고 다리는 골반 너비로 열어 주세요. 어깨는 넓게 펴고 이마는 바닥에 닿지 않게 살포시 띄워줍니다.

준비 자세

2 -

숨을 들이마시면서 손바닥으로 바닥을 밀어내며 목을 길게 늘여 머리, 가슴 순으로 올라옵니다. 팔꿈치는 바닥에서 떨어지지 않게 하고 배꼽을 조여 복부에 긴장감을 유지합니다. 가슴만 들어주어 1~3초간 유지하고 숨을 내쉬면서 내려옵니다. 10회 실시.

EXERCISE TIP

- ✔ 거북목 교정과 척추 기립근 강화에 좋은 운동법입니다.

- ✔ 흉곽성 복부호흡을 해주세요.

- ✔ 허리가 아픈 사람은 스완 예비 동작만 실시합니다.

2_ 스완

1 DAY

2 DAY

3 DAY

4 DAY ——

5 DAY

6 DAY

7 DAY

8 DAY

9 DAY

10 DAY

1 -
스완 예비 동작의 준비 자세를 합니다.

2 -
숨을 들이마시면서 손바닥으로 바닥을 밀어내며 이마, 가슴, 배꼽 순으로 올라옵니다.

3 -
팔꿈치를 다 펴고 척추를 길게 늘여주세요. 배꼽을 등 쪽으로 붙이려 하면서 키가 커진다고 생각하면 쉬워요.
10회, 3세트 반복.

3_ 스완 다이브

1 -
스완 예비 동작의 준비 자세를 합니다.

2 -
숨을 들이마시면서 손바닥으로 바닥을 밀어내며 이마, 가슴, 배꼽 순으로 올라옵니다.

3 -
팔꿈치를 다 펴고 척추를 길게 늘여주세요.

4 -
숨을 내쉬면서 두 팔을 들어 만세를 하고 엉덩이를 조이며 두 다리를 높이 띄웁니다. 시소처럼 움직이며 손바닥은 바닥에 닿지 않도록 주의해주세요.

5 -
숨을 들이마시면서 손바닥은 제자리에 놓고 ③의 자세로 돌아옵니다.

6 -
③~④를 3~5회 실시하며 숨을 내쉬면서 ③, ②, ① 순으로 내려옵니다. 10회, 3세트 반복.

4_ 스위밍

1 -
엎드려 누운 후 두 팔은 어깨 옆에
W자로 두되 손바닥은 천장을
향하게 합니다. 어깨가 말리지
않도록 가슴을 펴주고 양 발등은
바깥쪽을 향하게 해주세요.

2 -
숨을 들이마시면서 손바닥이
바닥을 향하게 뒤집어 만세를
하며 상체를 띄웁니다.
1~2초간 멈췄다 숨을 내쉬면서
시작 자세로 돌아옵니다.
10회, 3세트 반복.

EXERCISE TIP

⏱ 어깨와 척추기립근을 강화하는 운동법입니다.

목이 꺾이지 않도록, 승모근이
상승되지 않도록 주의하세요.

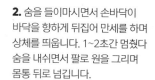

1. 스위밍 예비 동작을 합니다.

2. 숨을 들이마시면서 손바닥이 바닥을 향하게 뒤집어 만세를 하며 상체를 띄웁니다. 1~2초간 멈췄다 숨을 내쉬면서 팔로 원을 그리며 몸통 뒤로 넘깁니다.

3. 손바닥이 허벅지 옆으로 왔을 때 손바닥이 천장을 향하게 해 팔꿈치를 접고 상체를 내리며 시작 자세로 돌아옵니다. 10회, 3세트 반복.

1DAY
2DAY
3DAY
4DAY
5DAY
6DAY
7DAY
8DAY
9DAY
10DAY

나에게도
개미허리를

잘록한 허리를 만들기 위한 포인트는 옆구리살 제거와 복부 근육 강화입니다. 옆구리와 복부에 탄력이 생기면 그것만으로도 잘록해 보이는 효과를 낼 수 있거든요. 잘록한 허리에 매력적인 복근까지 만날 준비가 됐나요?

1_ 머메이드

1 -
두 다리는 한쪽 방향으로 해 구부려 앉고, 허리는 바르게 세워줍니다. 숨을 들이마시면서 양 팔꿈치를 구부려 머리 뒤로 보내고 두 손을 뒤통수에 댑니다.

2 -
숨을 내쉬면서 옆구리를 구부리며 왼쪽으로 내려갑니다. 이때 양 어깨가 긴장하지 않도록 주의하고 배꼽을 바짝 조여주세요.

3 -
숨을 들이마시면서 시작 자세로 돌아옵니다. 반대쪽도 같은 방법으로 실시합니다. 좌우 10회씩, 3세트 반복.

MORE TIP
무릎이 아프다면 한쪽 다리는 뻗어도 좋습니다.

NG
옆구리가 비틀어지지 않도록 몸통을 반듯하게 유지합니다.

EXERCISE TIP
✪ 동작을 하는 동안 엉덩이가 바닥에서 떨어지지 않게 주의하세요.

2_ 비틀어, 복부

1 DAY

2 DAY

3 DAY

4 DAY

5 DAY ────

6 DAY

7 DAY

8 DAY

9 DAY

10 DAY

1 -
바닥에 누운 후 양 무릎을
접어 세웁니다. 왼팔은 어깨
높이로 뻗고 왼다리는 90도로
들어주세요. 오른손은 머리를
받칩니다.

2 -
숨을 들이마시고 내쉬면서
상체를 비틀어 올려줍니다.
이때 복부가 사선으로
수축하도록 움직이는 것이
포인트.

3 -
반대쪽도 같은 방법으로
실시합니다. 좌우 10회씩,
3세트 반복.

EXERCISE TIP

⏰ 외복사근을 강화하는 운동법입니다.

⏰ 상체를 비틀 때 골반까지 비틀어지지 않도록 주의하세요.

3_ J커브 척추

1 -
무릎을 구부려 앉습니다.
두 다리는 골반 너비로 열고,
두 팔은 앞으로 뻗고, 허리는
바르게 세워주세요.

2 -
숨을 들이마시고 내쉬면서
상체(척추)를 카시트가 뒤로
넘어가듯 젖혀주세요.

EXERCISE TIP

☑ 복부 전체 근육을 강화하는 운동법입니다.

☑ 상체를 뒤로 젖힐 때 복부 전체에 긴장을 주고 등, 어깨가 말리지 않도록
주의하세요.

☑ 팔을 많이 들려고 하지 말고 거북목이 되지 않도록 주의합니다.

1 DAY

2 DAY

3 DAY

4 DAY

5DAY ───

6 DAY

7 DAY

8 DAY

9 DAY

10 DAY

3 -
숨을 들이마시면서 척추를
늘이고, 숨을 내쉬면서 꼬리뼈를
살포시 말아줍니다. 팬티 라인에
주름이 없는 것처럼 유지합니다.
척추를 J자로 만들어주세요.

4 -
복부 전체에 긴장을 주며
흉곽성 복부호흡을 10초간
유지한 후 상체를 세우며
시작 자세로 돌아옵니다.

5 -
3회씩, 3세트 반복.

LEVEL UP

NG

1. 두 다리는 골반 너비로 열고, 두 무릎은 살포시 접고, 두 팔은 앞으로 뻗고 허리는 반듯이 세워줍니다. *① 과 같습니다.

2. 숨을 들이마시면서 척추는 길게 늘이고 숨을 내쉬면서 꼬리뼈를 말며 상체를 뒤로 젖혀주세요. *②~③과 같습니다.

3. 숨을 들이마시고 내쉬면서 두 팔을 천천히 귀 옆으로 들어줍니다. 복부에 힘이 더 강하게 들어가면 머리와 목이
움직이지 않는 선까지만 팔을 들어주세요. 숨을 들이마시면서 다리를 앞으로 나란히 뻗고 숨을 내쉬면서 리듬감 있게
올렸다 내렸다를 합니다.

4. 10회 실시한 후 상체를 세우며 시작 자세로 돌아옵니다. 3세트 반복.

4_ 힙 서클

1 -
무릎을 구부려 앉습니다.
두 팔을 L자로 접어 바닥에 대고
상체를 세웁니다.

2 -
한 다리씩 바닥에서 띄워
양 무릎을 90도로 들어줍니다.

1 DAY

2 DAY

3 DAY

4 DAY

5DAY ──

6 DAY

7 DAY

8 DAY

9 DAY

10 DAY

3 -
숨을 들이마시고 내쉬면서
두 다리를 쭉 뻗어주세요.

4 -
숨을 들이마시면서 오른쪽으로
반원을 그리고, 숨을 내쉬면서
나머지 반원을 그립니다.

5 -
반대쪽도 같은 방법으로
실시합니다. 좌우 10회씩,
3세트 반복.

EXERCISE TIP

☿ 복부 근육을 강화하고 몸통의 안정성을 상승시키는 동작입니다.

☿ 동작을 하는 동안 어깨가 짓눌리거나 몸통이 흔들리지 않도록 팔꿈치로 바닥을
  밀어내는 것이 중요합니다.

☿ 초보자는 다리를 들지 않는 시작 자세만 연습합니다.

라크로스 볼
상체 마사지

"1DAY부터 5DAY까지 동작은
상반신을 강화하는 운동법이에요.
모든 동작을 소화했다면 아마
지금쯤 온몸이 욱신욱신할 거예요.
운동은 하는 것 못지 않게 풀어주는
것도 꽤나 중요하답니다. 그래야
우리 몸이 빠르게 회복되고 다시
운동할 때도 무리 없이 시작할 수
있거든요. 상체운동 후에 하면
좋은 라크로스 볼 마사지법을
소개합니다."

라크로스 볼
상체 마사지

라크로스 볼 마사지는 굽은 등, 말린 어깨, 거북목, 허리 통증이 있는 분들에게 효과가 좋은 마사지예요. 처음에 하면 시원하기보다 굉장히 아프다는 생각이 먼저 들어요. 그래서 숨을 참는 분이 많더라고요. 이런 행동은 절대 No! No! 그럴 때일수록 숨을 길게 내쉬면서 긴장을 풀어줘야 해요. 처음에는 '이렇게 아픈 걸 왜 하지?'라고 하겠지만 꾸준히 해보세요. 손맛 좋은 전문가에게 마사지 받는 것처럼 개운함을 느낄 수 있을 거예요.

EXERCISE TIP

해당 부위에 라크로스 볼을 넣고 지그시 눌러주거나 해당 부위를 움직여 롤링해주세요. 좀 더 강한 자극을 원한다면 엉덩이를 살짝 들어 해당 부위에 체중을 실어주면 됩니다. 1분 이상 유지합니다.

라크로스 볼 마사지 포인트

- 후두하근
- 승모근
- 날개뼈 중앙
- 날개뼈 아래
- 허리 중앙

머리 후두하근

평소 두통이 잦다면
시도해보세요. 뒤통수 밑
부분, 움푹 들어간 곳에 볼을
넣고 고정합니다. 좀 더 강한
자극을 원한다면 롤링하지 않고
머리를 좌우로 천천히 옮기며
지압합니다.

어깨 승모근

평소 어깨가 유난히 많이
뭉치고 통증도 심하다면 승모근
마사지를 지속적으로 해보세요.
볼은 목과 어깨를 잇는 부위에
넣어주세요.

날개뼈 중앙 능형근

평소 구부정한 자세로 날개뼈
통증이 있는 분들에게 추천해요.
날개뼈 중앙 부분에 볼을 넣고
지그시 눌러주세요.

날개뼈 아래 견갑골 하각

바닥에 누운 후 한 팔을
등 뒤로 뒷짐지듯 하면 날개뼈가
튀어나와요. 이때 반대쪽 손으로
위에서 아래로 타고 내려가
날개뼈 제일 아랫부분의 들어간
부위에 볼을 넣고 롤링합니다.

허리 중앙 요방형근

허리 통증이나 골반 틀어짐의
주범이라 할 수 있는 부위예요.
몸통 뒤 갈비뼈와 골반뼈를 잇는
중앙에 볼을 깊숙이 넣어주세요.
편안하게 호흡하며 다리를
직각으로 들고 30초 이상
유지합니다.

힙업! 엉덩이

엉덩이가 납작하다면 특히 주목! 엉덩이 전체에 골고루 자극이 될 수 있게 구성해봤어요. 말 그대로 힙업운동이기 때문에 허리에서 엉덩이까지 떨어지는 라인이 아주 섹시해진답니다. 다리가 길어 보이는 것은 덤이죠.

1_ 엎드려 킥

1 -
엎드린 후 두 손을 포개 이마 아래에 놓습니다. 이때 어깨가 솟지 않도록 어깨의 긴장을 풀어주세요. 다리는 골반 너비로 연 후 쭉 뻗어 발등이 바깥쪽을 향하게 합니다.

2 -
숨을 들이마시고 내쉬면서 오른 발끝을 뻗으며 엉덩이와 허벅지의 힘으로 다리를 들어 주세요. 이때 다리는 골반이 바닥에서 떨어지지 않는 선까지 올려 1~2초간 멈췄다 내려주세요.

3 -
반대쪽도 같은 방법으로 실시합니다. 좌우 10회씩, 3세트 반복.

EXERCISE TIP

⏱ 윗엉덩이를 발달시키는 운동입니다.

⏱ 자극을 충분히 느끼고 있다면 스톱! 골반이 들릴 정도로 동작의 범위를 굳이 크게 할 필요는 없어요.

LEVEL UP

동작이 익숙해지면 두 다리를 동시에 들어 진행합니다.

1 DAY
2 DAY
3 DAY
4 DAY
5 DAY
6 DAY ——
7 DAY
8 DAY
9 DAY
10 DAY

2_ 개구리다리 찌르기

1 -
엎드린 후 두 손을 포개 이마 아래에 놓습니다. 두 다리는 골반 너비로 연 후 무릎을 접어주세요. 이때 발끝은 무릎 쪽으로 당겨 뒤꿈치를 늘입니다. 양 뒤꿈치를 맞대고 V자가 되게 만들어주세요.

2 -
숨을 들이마시고 내쉬면서 엉덩이를 조이며 허벅지를 바닥에서 띄워주세요.

3 -
1~2초간 멈췄다 숨을 들이마시면서 내립니다. 10회, 3세트 반복.

EXERCISE TIP

⏱ 엉덩이 중앙을 발달시키는 운동법입니다.
⏱ 동작을 할 때 무릎이 활짝 열리지 않게 주의하세요.

NG

다리를 너무 많이 열지 않습니다.

LEVEL UP

무릎이 바닥에 닿을 듯 말 듯 올렸다 내렸다를 10회, 3세트 반복합니다.

3_ 조개 입 열기

1 -
왼쪽으로 누운 후 왼팔을 구부려
주먹으로 머리를 받쳐주세요.
오른팔은 가슴 앞 바닥을 짚고
두 다리는 쭉 뻗습니다.
이때 두 다리를 몸통 쪽으로
살짝 접어줍니다.

2 -
오른다리 무릎은 정면을
향하도록 접어주세요.

EXERCISE TIP

- 코어와 엉덩이 옆 라인을 강화하는 운동입니다.
- 동작 시 몸통 또는 골반이 앞뒤로 움직이지 않게 복부와 엉덩이에 힘을 줍니다.
- 무릎이 열리는 범위는 사람마다 다르므로 자극이 느껴진다면 거기까지만 실시합니다(골반이 움직일 수 있기 때문).

1 DAY

2 DAY

3 DAY

4 DAY

5 DAY

6 DAY ──

7 DAY

8 DAY

9 DAY

10 DAY

3 -

숨을 들이마시고 내쉬면서
조개 입이 열리듯 무릎을
열어주세요. 엉덩이 바깥쪽
힘으로 연다고 생각하면 됩니다.

4 -

숨을 들이마시면서 다리를
무겁게 내려줍니다.

5 -

반대쪽도 같은 방법으로
실시합니다.
좌우 10회씩, 3세트 반복.

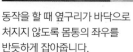

동작을 할 때 옆구리가 바닥으로
처지지 않도록 몸통의 좌우를
반듯하게 잡아줍니다.

4_ 힙 킥

1 -
엎드린 후 양 팔꿈치를 바닥에
대고 두 손은 깍지 끼거나
편하게 11자로 둡니다. 허벅지가
수직이 되게 무릎을 바닥에
두고 어깨는 바닥을 밀어내며
준비합니다.

2 -
숨을 들이마시고 내쉬면서 왼쪽
발끝을 천장을 찌르듯 올립니다.
모래주머니를 단 것처럼 무겁게
움직이는 것이 포인트!

1 DAY

2 DAY

3 DAY

4 DAY

5 DAY

6 DAY ──────

7 DAY

8 DAY

9 DAY

10 DAY

3 -
엉덩이를 풀었다 조이면서
발끝 찌르기를 합니다.

4 -
반대쪽도 같은 방법으로
실시합니다.
좌우 10회씩, 3세트 반복.

EXERCISE TIP

⏰ 엉덩이 밑살 제거와 몸통 강화에도 효과적입니다.

⏰ 허벅지에 밴드를 걸어 실시하면 레벨 업!

⏰ 빠르게 움직이기보다 무게감을 주며 움직여야 효과적입니다.

1. 허리가 꺾이지 않도록 주의하세요.

2. 다리만 움직이는 게 포인트! 등이 굽거나 허리가 들썩이지 않게 몸통을 꽉 잡아줍니다.

탄력 넘치는 꿀벅지

슬림하고 탄력 있는 허벅지 라인을 만들 수 있는 동작들입니다. 한 부위만 집중해 운동하는 것보다 여러 부위에 자극을 주며 운동하는 것이 훨씬 예쁜 하체 라인을 만들 수 있는 비결이랍니다. 그래서 허벅지 앞, 뒤, 옆 모든 부위를 운동할 수 있도록 동작을 구성해봤습니다. 예쁜 허벅지 만들 준비 됐나요? 그럼 시작합니다!

1_ 매끈한 앞벅지 만드는 제트업

1 -
두 무릎을 모두 세워 앉습니다. 이때 두 다리는 골반 너비로 열고 두 팔은 앞으로 뻗어주세요.

2 -
숨을 들이마시고 내쉬면서 허리가 꺾이지 않는 선까지 복부를 꽉 조이며 뒤로 젖힙니다. Z자를 만든다고 생각하면 됩니다. 허벅지가 땅기는 느낌이 들 거예요.

3 -
뒤로 젖힌 상태에서 1~2초간 유지하다 숨을 들이마시면서 시작 자세로 돌아옵니다. 10회, 3세트 반복.

EXERCISE TIP

⏱ 코어를 강화하고 허벅지 앞 라인을 정리해주는 운동입니다. 길어 보이는 다리 라인을 만들 수 있어요.

2_ 닐링 스쿼트+제트업

1 DAY

2 DAY

3 DAY

4 DAY

5 DAY

6 DAY

7 DAY ———

8 DAY

9 DAY

10 DAY

1 -
두 무릎을 모두 세워 앉습니다.
두 팔은 팔짱 낀 후 팔꿈치가
정면을 향하게 올려주세요.

2 -
숨을 들이마시면서 엉덩이만
뒤로 쭉 빼 스쿼트하듯
내려갑니다.

3 -
숨을 내쉬면서 무릎을 펴고
허리가 꺾이지 않는 선까지
복부를 꽉 조이며 몸이 Z자가
되게 뒤로 젖힙니다.
10회, 3세트 반복.

EXERCISE TIP

✔ 허벅지 앞 라인을 매끈하게 정리해주는 동작입니다. 엉덩이 라인을 살려주고
   코어 단련에도 탁월합니다.

✔ 고난도 동작이에요. 처음에 시작할 때는 한 동작씩 끊어서 실시해주세요.
   ex. 닐링 스쿼트 15번, 제트업 15번.

무릎이 아픈 비기너를 위한
매끈한 앞벅지 다듬기

1 -

두 다리를 뻗고 앉은 후 상체를
뒤로 젖힌 채 두 팔은 등 뒤
바닥을 짚어 상체를 고정합니다.
이때 손끝은 엉덩이를 향하게
해주세요.

2 -

숨을 들이마시고 내쉬면서
오른다리를 들어줍니다.

3 -

상체가 무너지지 않는 선까지
띄워주며 무게감 있게 시작
자세로 돌아옵니다. 가능하다면
뒤꿈치가 바닥에 닿을 듯 말 듯
다리를 완전히 내리지 말고
실시해보세요.

4 -

반대쪽도 같은 방법으로
실시합니다.
좌우 10회씩, 3세트 반복.

3_ 이너타이 업 & 다운

1 DAY
2 DAY
3 DAY
4 DAY
5 DAY
6 DAY
7 DAY ──
8 DAY
9 DAY
10 DAY

1 -
왼쪽으로 누운 후 왼손으로
머리를 받치고 다리를 쭉
뻗습니다. 오른다리를 몸통
앞으로 세우고 오른손으로
발목을 잡아 고정합니다.

2 -
숨을 들이마시고 내쉬면서
허벅지 안쪽 힘으로 왼다리를
들어줍니다. 1~2초간 유지하며
복부를 꽉 조이세요.

3 -
숨을 들이마시면서 천천히
내립니다.

4 -
반대쪽도 같은 방법으로
실시합니다. 좌우 10회씩,
3세트 반복.

EXERCISE TIP

⏱ 허벅지 안쪽 라인을 정리해주는 동작입니다.

⏱ 몸통이 돌아가지 않도록 가슴과 골반이 정면을 향할 수 있게
  유지해주세요.

동작을 할 때 무릎과 발등은 정면을
향해야 합니다. 발목을 꺾어서 들지
않도록 주의하세요.

4_ 승마살 업 & 다운

1 -
왼쪽으로 누운 후 왼손으로
머리를 받쳐주세요. 오른팔은
가슴 앞으로 바닥을 짚어 상체가
앞뒤로 빠지지 않도록 합니다.

2 -
왼다리는 무릎을 접고
오른다리는 쭉 뻗습니다.
숨을 들이마시면서 오른다리를
골반 높이로 띄워주세요.

1 DAY

2 DAY

3 DAY

4 DAY

5 DAY

6 DAY

7 DAY ────

8 DAY

9 DAY

10 DAY

3 -
숨을 내쉬면서 복숭아뼈가
천장을 향하도록 올립니다.

4 -
1~2초간 멈췄다 다시 골반
높이로 내려주세요. 10회 실시한
뒤 숨을 짧게 내쉬며 빠르게
10회 더 실시합니다.

5 -
반대쪽도 같은 방법으로
실시합니다. 3세트 반복.

EXERCISE TIP

◷ 러브핸들처럼 늘어진 허벅지 바깥쪽 라인을 정리해주는 동작입니다.

◷ 다리를 움직일 때 몸통이 흔들리지 않도록 주의하세요.

NG

1. 동작 중 옆구리가 무너지거나
골반이 빠지지 않도록 합니다.

NG

2. 발등이 돌아가지 않게
주의해주세요.

하체운동의 꽃, 스쿼트

스쿼트는 엉덩이뿐 아니라 허벅지, 허리 등 우리 몸의 큰 근육을 사용하는 전신 운동입니다. 힙업은 물론 허벅지 라인, 뒤태가 모두 예뻐지고 탄탄해지지요. 스쿼트만 제대로 해줘도 전신 라인이 싹 달라진답니다. 기본 동작부터 변형 동작, 유산소운동까지 접목해 즐겁게 할 수 있는 스쿼트 동작들을 준비했습니다.

1_ 베이식 스쿼트

1 -
두 다리는 어깨너비, 발끝은 5도 정도 열어주세요. 두 손은 깍지 끼고 가슴 앞에 모읍니다.

OK

NG

EXERCISE TIP

⌚ 힙업, 하체 근력 강화, 허벅지 군살 제거에 탁월한 동작입니다.

⌚ 초보자들은 기본 동작을 충분히 익힌 후 변형 동작으로 넘어갑니다.

1 DAY

2 DAY

3 DAY

4 DAY

5 DAY

6 DAY

7 DAY

8 DAY ──────

9 DAY

10 DAY

2 -
숨을 들이마시면서 엉덩이를
뒤로 빼며 내려갑니다. 무릎은
발끝 방향을 향합니다.

3 -
숨을 내쉬면서 엉덩이를 조이며
올라옵니다.

4 -
10회, 3세트 반복.

NG

1. 무릎이 안으로 말리지 않도록
주의합니다.

NG

2. 상체를 너무 숙이거나 턱이 들리지
않도록 주의합니다.

NG

3. 꼬리뼈가 말려 내려가지 않도록
합니다.

2_ 왕초보자들을 위한 반절 스쿼트

무게 중심 이동

1 -
다리는 어깨너비, 발끝은
5도 정도 열어주세요. 두 손은
깍지 끼고 가슴 앞에 모읍니다.

2 -
숨을 들이마시면서 엉덩이를
뒤로 빼고 정수리와 멀어진다
생각하며 살짝만 내려가주세요.
이때 양 무릎은 좁히지 않고
발가락 방향과 동일하게 연
상태를 유지합니다.

3 -
숨을 내쉬면서 엉덩이를
꽉 조이며 올라옵니다.
10회, 3세트 반복.

EXERCISE TIP

☝ 허리가 말려 상체가 구부정해지거나 무릎과 발가락에 힘이 들어가지
   않도록 주의하세요.

☝ 엉덩이의 자극에만 집중해 실시합니다.

1 DAY

2 DAY

3 DAY

4 DAY

5 DAY

6 DAY

7 DAY

8 DAY ─────

9 DAY

10 DAY

3_ 스쿼트+트위스트 킥

1 -
두 다리는 어깨너비, 발끝은
5도 정도 열어주세요. 두 팔은
교차해 가슴 앞에 둡니다.

2 -
숨을 들이마시면서 베이식
스쿼트 자세로 내려갑니다.

3 -
숨을 내쉬면서 올라와 상체를
오른쪽으로 비틀었다 제자리로
돌아오며 왼쪽 무릎을 당겨
복부를 수축합니다.

4 -
천천히 동작하되 동작이
익숙해지면 속도감을 올립니다.

5 -
반대쪽도 같은 방법으로
실시합니다. 좌우 10회씩,
3세트 반복.

EXERCISE TIP

☑ 다이어트 효과까지 있는 만능 운동입니다. 힙업 효과는 물론 허벅지와
   옆구리에 쌓인 지방을 태우고 체지방 감소에도 도움이 됩니다.

☑ 허리가 아픈 사람은 피해주세요.

4_ 스쿼트+사이드 킥

1 -
두 다리는 어깨너비, 발끝은
5도 정도 열어주세요. 두 손은
깍지 끼고 가슴 앞에 모읍니다.

2 -
숨을 들이마시면서 엉덩이를
뒤로 **빼며** 앉습니다. 이때
양 무릎은 발가락 방향을
향하도록 해주세요.

3 -
숨을 내쉬면서 엉덩이를 조이며
올라와 오른다리를 90도로
올려주세요. 이때 올린 다리의
발끝은 정면을 향하게 합니다.

1 DAY
—
2 DAY
—
3 DAY
—
4 DAY
—
5 DAY
—
6 DAY
—
7 DAY
—
8 DAY ——
9 DAY
—
10 DAY

4 -
숨을 들이마시면서 시작 자세로
돌아와 다시 스쿼트. 숨을
내쉬면서 올라옵니다.
반대쪽도 같은 방법으로
실시합니다.
좌우 10회씩, 3세트 반복.

EXERCISE TIP

♂ 옆구리살과 승마살 제거에도
   도움을 주는 동작입니다.
   엉덩이를 끌어올리고 허벅지
   바깥 라인을 정리해줍니다.

♂ 동작을 할 때 무릎이 흔들리지
   않도록 주의하세요.

다리를 올릴 때 몸이 꺾이지 않고
발목도 돌아가지 않게 주의하세요.

런지로
엉밑살 없애기

처진 엉덩이만 끌어올려도 엉덩이 라인과 다리 라인이 달라 보인다는 사실, 알고 있나요?
여기에 특히 좋은 것이 바로 '런지'예요. 런지는 뒤태 라인의 완성이라고 할 정도로 예쁜
몸매를 만드는 데 필수 동작이에요. 독립적으로 우리 몸의 좌우를 단련시키기 때문에
몸의 안정감과 균형감까지 키워준답니다. 런지와 비슷한 스플릿 스쿼트는 한 다리를
고정시키고 앉았다 일어나기를 반복합니다. 아름다운 뒤태 만들기, 시작해볼까요?

런지 시작 전
예비 동작

1_ 스플릿 스쿼트

1 -
두 다리는 어깨너비로 열고,
두 손은 허리에 올립니다.

2 -
왼다리는 앞으로, 오른다리는
뒤로 보낸 후 뒤꿈치를
세웁니다.

1 DAY
—
2 DAY
—
3 DAY
—
4 DAY
—
5 DAY
—
6 DAY
—
7 DAY
—
8 DAY
—
9 DAY —
—
10 DAY

3 -
허리를 꼿꼿하게 세운
상태에서 정면을 바라보며
숨을 들이마시면서 양 무릎을
90도로 접으며 내려갑니다.
오른쪽 무릎이 바닥에 닿지
않는 선까지 내려가는 게 정석.
이때 왼다리는 ㄱ자, 오른다리는
ㄴ자가 되게 합니다.

4 -
숨을 내쉬면서 엉덩이의 자극을
느끼며 위로 올라옵니다.

5 -
그 자세 그대로 제자리에서
앉았다 일어나기를 반복합니다.
반대쪽도 같은 방법으로
실시합니다. 좌우 10회씩,
3세트 반복.

EXERCISE TIP

☑ 허벅지 앞쪽과 엉덩이 강화에 특화된 동작입니다.

☑ 런지를 시작하기 전 이 동작을 충분히 해주세요.

☑ 동작하기 힘들다면 의자나 벽을 잡고 연습해도 좋아요.

NG

허리가 꺾이거나 무릎이 발끝 앞으로
튀어나오지 않게 주의해주세요.

2_ 런지

1 -
서서 두 다리는 어깨너비로
열고, 서고 두 손은 허리에
올립니다.

2 -
숨을 들이마시면서 왼다리는
ㄱ자, 오른다리는 ㄴ자가 되게
내려갑니다.

3 -
위로 올라와 곧바로 다리를
모으고 시작 자세로 돌아옵니다.
이때 몸이 흔들리지 않도록
집중합니다.

4 -
반대쪽도 같은 방법으로
실시합니다. 좌우 10회씩,
3세트 반복.

EXERCISE TIP

✔ 허벅지 뒤쪽을 단련해주는 동작으로 엉덩이 밑살 제거에 효과적입니다.

✔ 엉덩이에 무게 중심을 실어 상체가 앞으로 쏟아지지 않고 무릎에 힘이
들어가지 않도록 주의하세요.

3_ 런지 킥 백

1 DAY
2 DAY
3 DAY
4 DAY
5 DAY
6 DAY
7 DAY
8 DAY
9 DAY ————
10 DAY

1 -
런지 준비 자세를 합니다.

2 -
숨을 들이마시면서 상체를 세워
내려갑니다.

3 -
숨을 내쉬면서 다리를 펴며
올라와 엉덩이를 조이며
오른다리를 뒤로 뻗어주세요.
곧바로 오른다리를 앞으로
가져와 런지 자세를 취합니다.

4 -
반대쪽도 같은 방법으로
실시합니다. 좌우 10회씩,
3세트 반복.

EXERCISE TIP
☪ 엉덩이 밑살의 체지방 감소에 도움을 주는 동작입니다.

☪ 다리를 뒤로 뻗을 때 허리를 과도하게 꺾지 않도록 주의하세요.

4_ 파이팅 런지

1 -

서서 두 다리는 어깨너비로
열고, 두 손은 주먹 쥐어 허벅지
옆에 둡니다. 오른다리는
앞으로, 왼다리는 뒤로 보내고
왼다리 뒤꿈치를 세웁니다.

2 -

숨을 들이마시면서 오른다리는
ㄱ자, 왼다리는 ㄴ자가
되게, 상체는 살포시 숙이며
내려갑니다.

1 DAY

2 DAY

3 DAY

4 DAY

5 DAY

6 DAY

7 DAY

8 DAY

9 DAY ————

10 DAY

3 -
숨을 내쉬면서 올라와 두 팔을
접었다 천장을 향해 뻗습니다.
다시 그대로 두 팔을 접었다
②~③의 동작을 반복합니다.

4 -
반대쪽도 같은 방법으로
실시합니다. 좌우 10회씩,
3세트 반복.

EXERCISE TIP

✔ 예쁜 엉덩이 밑살과 아름다운
어깨를 만들어주는 것은 물론
전신 밸런스를 높여줍니다.

✔ 머리끝과 발끝 정렬을 맞추며
시선이 바닥으로 향하지 않도록
주의하세요.

✔ 물병이나 아령을 들고 하면 좀 더
강도를 높일 수 있어요.

와이드 스쿼트로 허벅지 안쪽까지 슬림하게!

전체적으로 허벅지 안쪽 근육을 단련해 허벅지를 슬림하게 정리하고 엉덩이 옆 라인을 탄탄하게 만드는 동작이에요. 핫팬츠를 입었을 때 허벅지 안쪽이 쓸리는 고통은 이제 그만! 지금 바로 일어나서 따라 해주세요!

1_ 와이드 스쿼트

1 -
두 다리는 어깨너비 1.5~2배 정도로 열어주세요. 두 손은 깍지 끼고 가슴 앞에 모읍니다. 양 발끝은 바깥쪽을 향해 45도 정도 엽니다.

2 -
숨을 들이마시면서 엉덩이를 살짝 뒤로 빼며 무릎을 구부려 내려갑니다. 이때 무릎이 발끝을 향하도록 해주세요.

1 DAY
2 DAY
3 DAY
4 DAY
5 DAY
6 DAY
7 DAY
8 DAY
9 DAY
10 DAY ─────

3 -
숨을 내쉬면서 허벅지 안쪽과
엉덩이에 긴장을 유지하며
올라옵니다.
10회씩, 3세트 반복.

EXERCISE TIP

ⓒ 허벅지 안쪽의 군살을 정리하고 엉덩이 옆 라인을 탄탄하게 하는
   동작입니다.

NG

무릎을 구부릴 때 무릎이 안쪽으로
말리지 않도록 주의해주세요. 무릎은
항상 발끝 방향!

NG

무릎이 아플 수 있으니 발끝을 완전히
바깥쪽으로 향하게 하지는 마세요.

2_ 우아하게 와이드 스쿼트

1 -
두 다리는 어깨너비 1.5~2배,
발끝은 바깥쪽을 향해 45도
정도로 열어주세요. 양 손바닥을
안으로 모읍니다.

2 -
숨을 들이마시면서 엉덩이를
살짝 뒤로 빼며 무릎을 구부려
내려갑니다. 이때 두 팔은
머리 위로 올려 원을 그립니다.

3 -
숨을 내쉬면서 허벅지 안쪽과
엉덩이 바깥쪽에 힘을 주며
올라옵니다. 팔은 자연스럽게
내려주세요.
10회, 3세트 반복.

EXERCISE TIP

⏱ 팔이 함께 움직이기 때문에 몸이 흔들릴 수 있어요. 몸 정렬이
흐트러지지 않게, 어깨가 솟지 않게 주의하며 올라옵니다.

3_ 하이힐 와이드 스쿼트

1DAY
2DAY
3DAY
4DAY
5DAY
6DAY
7DAY
8DAY
9DAY
10DAY ——

1 -
두 다리는 어깨너비 1.5~2배,
발끝은 바깥쪽을 향해
45도 정도로 열어주세요.
두 손은 깍지 끼고 가슴
앞에 모읍니다. 오른다리만
하이힐 신은 것처럼 뒤꿈치를
세워줍니다.

2 -
숨을 들이마시면서 엉덩이를
살짝 뒤로 빼고 무릎을 구부려
앉습니다. 이때 무릎은 발끝
방향에 맞춰 내려갑니다.

3 -
숨을 내쉬면서 좀 더 무겁게
엉덩이를 조이며 올라옵니다.

4 -
반대쪽도 같은 방법으로
실시합니다. 좌우 10회씩,
3세트 반복.

EXERCISE TIP

☑ 동작을 할 때 발목이 꺾이거나 무릎이 흔들리지 않도록 주의하세요.

☑ 뒤꿈치를 세우고 동작하는 것이 어려운 분은 쿠션이나 계단 한 개 정도
  높이에 발을 올리고 해도 좋아요.

4_ 와이드 스쿼트 사이드 킥

1 -
두 다리는 어깨너비 1.5~2배,
발끝은 바깥쪽을 향해 45도
정도로 열어주세요. 두 손은
깍지 끼고 가슴 앞에 모읍니다.

2 -
숨을 들이마시면서 와이드
스쿼트 자세로 내려갑니다.

1 DAY

2 DAY

3 DAY

4 DAY

5 DAY

6 DAY

7 DAY

8 DAY

9 DAY

10DAY ——

3 -
숨을 내쉬면서 올라와
오른다리를 옆으로 들어주세요.
이때 몸이 흔들리지 않도록
중심을 잡으며 1~2초간 자세를
유지해주세요. ①의 자세로
돌아와 동작을 이어갑니다.

4 -
반대쪽도 같은 방법으로
실시합니다. 좌우 10회씩,
3세트 반복.

EXERCISE TIP

- ✔ 유산소운동을 접목해 체지방 감소에 효과적인 동작입니다.
  몸의 밸런스를 잡아주는 데도 도움이 되고요.

- ✔ 올라오는 동시에 다리를 옆으로 들어야 하기 때문에 중심이
  흔들리기 쉽습니다. 흔들리지 않도록 주의하세요.

- ✔ 발등은 늘 정면을 향하도록, 돌아가지 않게 주의하세요.

라크로스 볼
하체 마사지

"하체운동 후 하면 좋은 신체 부위별
라크로스 볼 마사지 방법을 소개합니다.
집중해서 운동한 부위가 유난히 뭉치고
아프다면 해당 부위에 볼을 대고 가볍게
자극해주세요. 다리의 부기가 싹 빠진
것 같은 느낌이 들 정도로 아주 시원한
마사지 효과를 얻을 수 있을 거예요.
허리와 엉덩이, 다리, 발바닥이 자주
아픈 분은 데일리 마사지로 이어가도
좋아요. 마사지 부위당 기본 10회씩,
3세트 반복해주세요. 몸 상태에 따라
통증이 심할 수 있어요. 통증을 느낄
때는 호흡을 참지 않고 '후' 하고
내쉬어주세요."

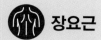 **장요근** │ 하루 종일 앉아서 일하는 회사원인가요? 허리 통증이 심하다면 그 원인을 장요근에서 찾을수 있습니다. 장요근은 척추와 골반, 허벅지를 잇는 큰 근육을 가리킵니다.

팔꿈치를 어깨보다 넓게 열어 세워 엎드린 후 배꼽 아래 5cm, 바깥쪽으로 3~4cm 떨어진 곳에 볼을 넣습니다. 숨을 들이마시고 내쉬면서 상체를 살짝 세우며 배를 깊숙이 눌러줍니다. 10회 실시. 숨을 들이마시고 내쉬면서 볼을 넣은 쪽, 오른다리를 들며 더 깊숙이 눌러줍니다. 10회 실시. 반대쪽도 같은 방법으로 실시합니다.

* 호흡은 참지 않도록 주의하세요.

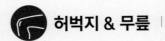

허벅지 & 무릎 | 허벅지 앞 근육이 짧아지거나 문제가 생기면 슬개골이 과하게 움직이게 되고 결국 무릎에 통증이 유발돼요.

허벅지 앞쪽 대퇴직근

엎드린 후 상체를 세우고 오른쪽 허벅지 중앙 부분에 볼을 넣어줍니다. 숨을 내쉬면서 지그시 눌러주며 가능하다면 앞뒤로 1분 이상 롤링합니다. 반대쪽도 같은 방법으로 실시합니다.

허벅지 안쪽 내전근

엎드린 후 두 손은 깍지 끼고 상체를 세워주세요. 오른다리를 바깥쪽으로 열어 허벅지 안쪽에 볼을 넣어주세요. 천천히 1분 이상 롤링하거나, 지그시 눌러줍니다. 반대쪽도 같은 방법으로 실시합니다.

허벅지 바깥쪽 외측광근

왼쪽 팔꿈치를 바닥에 대고
왼쪽으로 누워주세요.
오른다리는 왼다리 앞으로
무릎을 구부려 세웁니다.
바닥에 있는 허벅지 바깥쪽에
볼을 넣어줍니다. 숨을 내쉬면서
더 깊숙이 누르며 위아래로
1분 이상 롤링합니다. 반대쪽도
같은 방법으로 실시합니다.

허벅지 뒤쪽 햄스트링

상체를 세우고 앉아 오른다리를
접어 왼다리 위로 올립니다.
왼쪽 허벅지 뒤에 볼을 넣고
지그시 눌러주세요. 이때
엉덩이를 살짝 들어 1분 이상
롤링하거나, 지그시 눌러줍니다.
반대쪽도 같은 방법으로
실시합니다.

정강이 & 종아리 가자미근 & 비복근 | 종아리가 잘 붓거나 뭉치는 분들께 추천합니다.

정강이

무릎을 대고 앉은 후 왼쪽 정강이 중앙에 볼을 넣어줍니다. 두 손으로 바닥을 짚고 엉덩이를 띄웠다 숨을 내쉬면서 긴장을 풀며 지그시 눌러줍니다. 천천히 1분 이상 롤링하거나, 지그시 눌러줍니다. 반대쪽도 같은 방법으로 실시합니다.

종아리 뒤쪽

상체를 세우고 앉은 후 오른다리는 무릎을 세우고, 왼다리는 쭉 뻗어 종아리 밑에 볼을 넣어줍니다. 1분 이상 롤링하거나 지그시 눌러줍니다. 반대쪽도 같은 방법으로 실시합니다.

발바닥 | 평소 걸을 때 발바닥에 체중이 골고루 실리지 않거나 꽉 끼는 신발을 자주 신는 분, 발바닥에 피로감을 많이 느끼는 분들께 추천합니다.

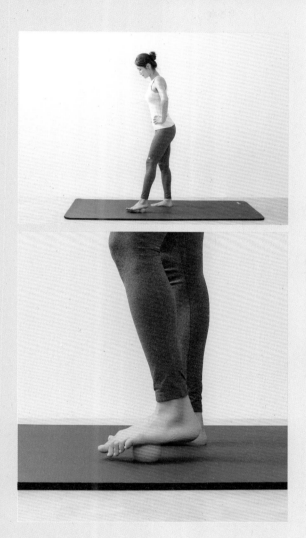

서 있는 상태에서 왼쪽 발바닥 중앙 부분에 볼을 넣어줍니다. 볼에 체중의 70%를 싣고 숨을 들이마시고 내쉬면서 발바닥을 지그시 눌러줍니다. 무게 중심은 엄지발가락에서 새끼발가락 순으로! 롤링하며 위에서 아래로 조금씩 이동합니다. 발바닥 아치와 뒤꿈치 부분을 집중적으로 1분 이상 롤링합니다. 반대쪽도 같은 방법으로 실시합니다.

 **엉덩이** | 평소 오래 앉아 있기 힘들거나 오래 걸으면 허리가 아픈 분들께 추천합니다.
다음의 순서대로 마사지해주세요.

엉덩이 위쪽
엉덩이 중앙
엉덩이 밑

1 –

누운 후 왼다리 무릎을
세우고, 엉덩이 윗부분에 볼을
넣어줍니다. 숨을 들이마시고
내쉬면서 긴장을 풀고 무릎을
바깥쪽으로 열어줍니다.
1분 이상 지그시 롤링합니다.
반대쪽도 같은 방법으로
실시합니다.

2 –

볼을 엉덩이 중앙 부분까지
천천히 이동합니다. 두 무릎을
세운 후 오른다리 발목을 왼쪽
허벅지 위에 걸쳐주세요. 좌우로
1분 이상 롤링합니다. 반대쪽도
같은 방법으로 실시합니다.

3 –

앉은 후 엉덩이와 허벅지의
경계에 볼을 넣어줍니다. 볼을
넣지 않은 오른다리를 세운 뒤
위아래로 1분 이상 롤링하거나,
지그시 눌러줍니다.

4 –

반대쪽도 같은 방법으로
실시합니다.

여러분은 '치팅데이'를 잘 지키고 있나요?
우습게도 저는 늘 실패해왔답니다.
평일엔 꾹꾹 참아내다 주말이 되면
좋아하는 음식을 한꺼번에 먹는 폭식증을 달고 살았어요.
이미 절제력은 잃어버린 지 오래.
배부르게 먹고 나면 포만감에 행복하기보다
불안함과 우울함 그리고 나를 향한 강한 질책이
시작됐지요.
지금의 제가 되기까지는 말이에요.

이제는 우리 상처 주지 말기로 해요.
또 먹었다고 나를 학대하거나 다시 굶는
폭력은 그만두기로 해요.
나를 사랑하기 위해 시작한 행동인데
결국 나를 아프게 하는 행동이 되지 않기를.

여러분은 그 누구보다 소중하고
사랑받을 자격이 있으니까요.
무작정 굶기식의 다이어트는 과감히 버리고,
하루 세끼 평소 먹던 양에서 조금씩 줄여나가고,
갑자기 과식을 한 하루라면
신경 써서 물도 자주 마시고
이왕이면 걸어서 다니려는 습관도 들이고,
일상에서 자주 몸을 움직여보려는 노력으로
몸과 마음을 다잡아보기로 해요.

다그치지 말고 그동안 힘들게 했던 만큼
천천히 너그럽게 나의 몸에게 다가가보세요.
그러면 몸도 마음을 열어줄 거예요.
제가 그랬던 것처럼 여러분도 그러기를 바라며.

PART 3
—
화끈하게
지방을 태우는
하드 트레이닝
프로젝트

PART 3은 근력운동과 유산소운동을 병행하는 체지방 커팅
플랜입니다. 초보자들은 횟수를 줄이거나 PART 2에 소개된
비기너 동작이 편안해진 후 천천히 시작하는 게 좋아요.
하드 트레이닝의 모든 세션은 총 3~5세트씩 반복합니다.
1세트를 끝내고 1분 정도 스트레칭하며 휴식을 취하다
다시 동작에 들어가도 좋아요.

PROCESS _____

전신 스트레칭 1

MAIN EXERCISE

EXERCISE	EXERCISE	EXERCISE	EXERCISE	EXERCISE
1	**2**	**3**	**4**	**5**
체지방 태우기	코어 근육 집중 자극	몸통 측면 강화	운동량 폭발!	체지방 탈탈 털기

전신 스트레칭 2

전신 스트레칭 1

"본격적인 운동 전 전신 스트레칭은
필수라는 것, 잘 알고 있죠? 다음의
스트레칭 동작은 모두 연결
동작입니다. 순서대로 따라
해주세요. 무리할 것 없어요. 내가
할 수 있는 선까지만 동작해도 운동
효과는 충분하답니다."

1 –
4point 자세를 합니다.

2 –
숨을 들이마시고 내쉬면서
척추(등)를 둥글게 말고 숨을
들이마시면서 다시 척추를
길게 늘입니다.
10회 실시.

3 –
4point 자세에서 숨을 내쉬면서
무릎을 들어 견상 자세로
올라옵니다.

* **견상 자세** 두 손은 어깨너비, 두 발은 골반
너비로 열어주세요. 엉덩이를 하늘로
끌어올린다고 생각하며 등을 쭉 늘입니다.
시선은 두 발 사이를 향하고 무릎과
팔꿈치는 굽히지 않습니다. 등이 둥글게
말리지 않도록 최대한 펴주며 뒤꿈치 또한
바닥에 붙여 등과 어깨, 다리 뒤쪽이 모두
스트레칭되도록 해주세요.

4 -
숨을 들이마시면서 오른다리를
들 수 있는 만큼 천장을 향해
뻗습니다. 이때 왼다리는
더욱더 뒤꿈치를 눌러 종아리와
발목까지 깊게 이완합니다.
10회 실시.

5 -
뻗었던 오른다리를 그대로
바닥을 짚고 있는 두 손 사이로
가져와 90도로 세워줍니다.

6 -
상체를 세워 허리가 꺾이지
않도록 정수리와 꼬리뼈는
일직선을 유지해주세요.

7 -
숨을 들이마시면서 왼팔을
천장을 향해 듭니다.

8 -
숨을 내쉬면서 왼팔을
오른쪽으로 쭉 뻗어내며
옆구리를 구부립니다.
이때 골반이 옆으로 빠지지
않도록 주의합니다.
10회 실시.

9 -
제자리로 돌아와 숨을
들이마시면서 두 팔을 머리 위로
들어 기지개 켜듯 척추와 함께
뒤로 늘여줍니다. 숨을 내쉬면서
팔은 원을 그리며 돌아옵니다.
10회 실시.

10 -
시작 자세로 돌아와 반대쪽도
같은 방법으로 실시합니다.

체지방 태우기

우리 온몸 구석구석 쌓인 지방을 불태워봐요. 유산소운동은 물론 근력운동까지 되는 동작들로, 전신을 골고루 자극해 매끈한 라인을 만드는 데 도움을 준답니다. 기초체력도 몰라보게 향상되고요.

1_ 암워킹

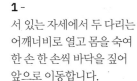

1 -

서 있는 자세에서 두 다리는 어깨너비로 열고 몸을 숙여 한 손 한 손씩 바닥을 짚어 앞으로 이동합니다.

2 -
어깨와 엉덩이, 몸통이 수평이
될 때까지 동작을 계속하다가
풀 플랭크 자세가 되면 잠시
멈춰주세요.

풀 플랭크

3 -
다시 거꾸로 한 손 한 손씩 짚어
발끝 방향으로 돌아와 상체를
세웁니다. 10회 반복.

* **풀 프랭크** 이른바 '엎드려 뻗쳐'
자세로, 두 다리는 어깨너비보다
조금 넓게 열고, 두 팔은 지면과
수직으로 등, 어깨, 엉덩이가
일직선이 되게 합니다.

EXERCISE TIP

☑ 체지방 연소에 효과적인 동작으로 익숙해지면 숨이 찰 정도로
　빠르게 진행해보세요.

☑ 복부의 힘이 풀려 허리가 꺽이지 않도록 주의하세요.

☑ 머리를 푹 숙이거나 날개뼈가 등 뒤로 튀어나오지 않게 합니다.

☑ 엉덩이를 높게 들지 않습니다.

2_ 암워킹 니 푸시업

1 -
암워킹을 하다 풀 플랭크
자세에서 멈춥니다.

2 -
숨을 들이쉬면서 무릎을 바닥에
대고 팔꿈치를 옆구리로 모아
내려갑니다.

3 -
가슴과 복부를 완전히 바닥에
내리고 숨을 내쉬면서
손바닥으로 바닥을 밀어내며
올라옵니다. 다시 발끝 방향으로
암워킹해 돌아온 후 상체를 세워
마무리합니다. 10회 실시.

EXERCISE TIP

⏱ 온몸의 근육을 자극하는 전신운동이에요. 상체 근육을 강화하고
   탄력 있는 라인을 만들 수 있어요.

3_ 암워킹 사이드 점프

1 -
암워킹을 하다 풀 플랭크
자세에서 두 다리를 바깥쪽으로
열면서 점프합니다.
5회, 5세트 반복.

EXERCISE TIP
⏱ 체지방 연소와 상체 근력 향상에 도움이 돼요. 허리가 흔들리지
　않게 단단히 힘을 줘 실시하는 것이 포인트!

4_ 암워킹 플랭크 점핑

1 -
암워킹을 하다 풀 플랭크
자세에서 숨을 들이마시면서
양 무릎을 접어 안으로
가져옵니다.

2 -
숨을 내쉬면서 빠르게
점프해 다시 풀 플랭크
자세를 해주세요.
10회 실시.

EXERCISE TIP

⊘ 전신 근력을 사용해 체지방을 빠르게 제거하고 코어 근육을
  강화하는 동작이에요. 고도비만이거나 무릎에 통증이 온다면
  점프 동작은 생략하고 한 다리씩 순서대로 움직이는 게 좋아요.

코어 근육
집중 자극

| 몸의 중심인 코어 근육을 깨우는 시간! 고난도 동작들을 실시하기 전 몸을 안정감 있게 만드는 단계예요. 처음에는 30초 버티기를 목표로 실시하고, 익숙해지면 시간을 30초 단위로 늘려보세요. 바른 자세를 유지하는 데도 큰 도움이 돼요.

1_ 엘보 플랭크 암 스텝

1 -
바닥에 팔꿈치를 댄 엘보 플랭크
자세를 합니다.

** **엘보 플랭크** 두 팔을 구부려 바닥에
대고 몸을 지탱합니다. 이때 몸은
하체와 상체를 일직선으로 만든 후
흔들리지 않도록 균형을 잡으며 고르게
호흡합니다. 배에 힘을 줘 허리가 아래로
내려가지 않도록 주의하세요.*

2 -
숨을 들이마시고 내쉬면서
몸통에 긴장을 유지하며 왼팔을
바닥에서 띄웠다 돌아와
오른팔을 띄워줍니다.

3 -
숨을 짧게 내쉬면서 좌우
10회씩 실시.

EXERCISE TIP
⏱ 허리를 비롯한 몸의 중심 근육을 강화해 전신에 안정감을 줘요.

2_ 엘보 플랭크 레그 스텝

1 -
엘보 플랭크 자세를 합니다.

2 -
숨을 들이마시고 내쉬면서
좌우 다리를 번갈아가며
발끝으로 터치합니다.
좌우 10회씩 실시.

NG

복부의 힘이 풀려 허리가 꺾이지
않도록, 목을 들지 않도록 주의하세요.

NG

머리를 푹 숙이거나 날개뼈가 등 뒤로
튀어나오지 않게 합니다.

NG

엉덩이를 높게 들지 않습니다.

3_ 엘보 플랭크 트위스트

1 -
엘보 플랭크 자세를 합니다.

2 -
숨을 들이마시고 내쉬면서
좌우로 골반을 비틀어줍니다.
10회 실시.

EXERCISE TIP

⏱ 허리를 비틀어 옆구리를 강력하게 자극해요. 어깨와 복부 근육까지
골고루 발달시키고 코어 근력을 강화하는 데도 도움이 돼요.

4_ 파이크업 엘보 플랭크

1 -
엘보 플랭크 자세를 합니다.

2 -
숨을 들이마시면서 꼬리뼈가
천장을 향하도록 들어주세요.
머리는 팔 사이에 넣고 허리는
펴줍니다.

3 -
숨을 내쉬면서 몸통을 다시
평평하게 내리고 복부를
조여줍니다. 10회 실시.

EXERCISE TIP

⏰ 복부, 척추, 골반 등을 자극하고 칼로리 소모에도 효과적이에요.

⏰ 몸통을 내릴 때 팔꿈치에 통증이 온다면 수건을 깔고
   실시하세요.

몸통 측면 강화

코어를 더욱 단단하게 하면서 옆구리에 자극을 주는 동작들이에요. 몸 중심은 물론 측면에도 안정감을 주고 탄탄한 상체 라인을 만들어주며, 11자 근육도 완성할 수 있어요.

1_ 사이드 플랭크 업 & 다운

1 -
다리를 포개고 옆으로 앉아주세요. 이때 왼쪽 손바닥은 어깨보다 더 멀리 바닥을 짚습니다. 몸통과 왼팔이 바닥과 함께 삼각형 모양을 만든다고 생각하면 쉬워요. 동작하기 편하도록 팔꿈치는 살짝 구부려줍니다. 양 무릎은 구부린 상태에서 팬티 라인이 최대한 펴지게 앉아줍니다.

NG

2 -
시작 자세에서 오른다리만 쭉 뻗어 일직선을 유지해주세요. 이때 천장을 향해 오른팔을 뻗습니다.

3 -

숨을 들이마시고 내쉬면서
골반을 띄워 몸통을 일직선으로
만들어 유지합니다.

4 -

짧게 호흡하다 숨을
들이마시면서 골반을 내리고,
숨을 내쉬면서 띄워줍니다.

5 -

반대쪽도 같은 방법으로
실시합니다. 좌우 10회씩.

EXERCISE TIP

⏱ 옆구리 러브핸들을 자극합니다. 몸통을 일직선으로 유지한
상태에서 골반을 위아래로 움직이는 게 포인트!

⏱ 손목이 좋지 않다면 바닥에 손바닥 대신 팔꿈치를 대고 실시합니다.

2_ 사이드 플랭크 로테이션

1 -
사이드 플랭크 업 & 다운
시작 자세를 합니다. 그대로
오른다리만 쭉 뻗어 일직선을
유지해주세요. 오른팔은 천장을
향해 뻗습니다.

EXERCISE TIP

⏱ 골반이 앞뒤로 흔들리지 않도록 주의해주세요.

2 -
숨을 들이마시고 내쉬면서
골반을 띄워 몸통을
일직선으로 만들어
유지합니다.

3 -
숨을 들이마시고 내쉬면서
오른팔은 둥글게 안아주듯 하고
시선은 함께 따라가며 복부를
비틀어주세요.
이때 골반은 움직이지 않고
갈비뼈만 회전시킵니다.

4 -
반대쪽도 같은 방법으로
실시합니다. 좌우 10회씩.

3_ 사이드 플랭크 레그 킥

1 -
사이드 플랭크 업 & 다운
시작 자세를 합니다.
그대로 오른다리만 쭉 뻗어
일직선을 유지해주세요.

2 -
숨을 들이마시고 내쉬면서
골반을 올려주세요. 이때 왼쪽
손바닥은 어깨보다 더 멀리
바닥을 짚고, 오른팔은 허리에
올립니다.

3 -
숨을 내쉬면서 오른다리를
위로 뻗습니다. 몸통을 꽉 조여
다리를 무겁게 올렸다 내렸다를
반복합니다.

4 -
반대쪽도 같은 방법으로
실시합니다. 좌우 10회씩.

EXERCISE TIP
⏱ 코어 근육을 발달시켜 몸 측면의 안정성을 키우는 운동이에요.

4_ 사이드 플랭크 레그 킥 업

1 -
다리를 포개고 옆으로 앉아주세요. 이때 왼쪽 손바닥은 어깨보다 더 멀리 바닥을 짚고, 동작하기 편하도록 팔꿈치를 살짝 접습니다. 오른손은 가슴 아래 바닥에 내려놓습니다. 다리는 팬티 라인이 최대한 펴지는 느낌이 들도록 무릎을 접은 상태에서 뒤로 보내주세요.

2 -
숨을 들이마시고 내쉬면서 골반을 띄워주며 오른다리를 힘차게 뻗었다 제자리로 돌아옵니다. 이때 복부를 함께 조여 호흡합니다.

3 -
반대쪽도 같은 방법으로 실시합니다. 좌우 10회씩.

EXERCISE TIP

⏱ 어깨가 짓눌리지 않도록 유지합니다.

운동량 폭발!

전신을 구석구석 자극해 지방을 확실히 태우고 기초대사량을 높이는 동작입니다.
칼로리를 단시간에 최대한 소모할 수 있어 운동을 주기적으로 하지 못하는 분들에게
특히 효과가 좋아요.

1_ 플랭크 레그 킥

1 -
풀 플랭크 자세를 합니다.

2 -
숨을 들이마시면서 골반
높이까지 오른다리를
들어주세요.

3 -
②의 자세에서 숨을 짧게
내쉬면서 천장을 향해 발끝을
톡톡 들어줍니다. 몸통이
흔들리지 않도록 복부에 힘을
주세요.

4 -
반대쪽도 같은 방법으로
실시합니다. 좌우 10회씩.

2_ 스파이더 런지

1 -
풀 플랭크 자세를 합니다.

2 -
숨을 들이마시면서 오른다리를
팔 쪽으로 가져옵니다. 이때
무릎이 90도가 되도록 당겨 뒤로
뻗은 왼다리를 길게 늘여주세요.
숨을 내쉬면서 시작 자세로
돌아옵니다.

3 -
반대쪽도 같은 방법으로
실시합니다. 좌우 10회씩.

EXERCISE TIP

⏱ 골반을 스트레칭하는 효과가
   있어요.

3_ 오블리크 니 탭

1 -
사이드 플랭크 시작
자세를 합니다. 왼다리가
앞쪽으로 나오도록
다리를 교차해주세요.

2 -
숨을 들이마시고
내쉬면서 골반을 띄워
몸통을 일직선으로
들어줍니다.

3 -
왼팔을 접어 얼굴 앞에
놓습니다. 숨을 들이마시면서
준비하고 숨을 내쉬면서 밑에
놓인 오른무릎을 당겨와
팔꿈치에 터치하세요.

EXERCISE TIP

✪ 옆구리를 탄력 있게 하고 복부 근육을 강화해 매끈한 허리 라인을 만들 수 있는
운동입니다. 허리와 무릎을 일직선으로 유지한 상태로 실시해주세요.

4 -
반대쪽도 같은 방법으로
실시합니다. 좌우 10회씩.

4_ 얼터네이트 플랭크＆사이드 플랭크

1 -
엎드린 후 두 팔을 '등호(=)'
모양이 되게 교차합니다.
어깨 아래 팔꿈치가 오도록 팔을
세워줍니다.

2 -
무릎은 바닥에 내리고 어깨와
꼬리뼈는 수평이 되게 맞춰
주세요.

3 -
숨을 들이마시고 내쉬면서
한 다리씩 무릎을 펴 풀 플랭크
자세를 취합니다.

4 -
풀 플랭크 자세에서
1~2초간 멈췄다 숨을
들이마시고 내쉬면서
오른쪽으로 돌아 사이드
플랭크. 몸이 왼쪽으로
돌아갈 때 왼팔도 함께
위로 들어주세요.

5 -
다시 돌아와 풀 플랭크
자세를 합니다.
반대쪽도 같은 방법으로
실시합니다. 좌우 10회씩.

체지방 탈탈 털기

짧은 시간에 가장 효과가 좋다는 '버피' 동작를 체계적으로 구성했어요. '버피'는 전신 근육을 사용하는 유산소성 근력운동으로 체지방 감소, 근력 강화에 도움을 줘요. 기본 버피 동작부터 응용 동작까지 차근차근 따라 해보세요.

1_ Level 1. 슬로 버피

1 -
서 있는 자세에서 숨을 들이마시면서 양 무릎을 구부려 두 손은 바닥을 짚고, 숨을 내쉬면서 한 다리씩 뻗어 풀 플랭크 자세를 합니다.

EXERCISE 5 ─────

2 -
풀 플랭크 자세를 1~2초간
유지한 후 다시 숨을
들이마시면서 한 다리씩
가져와 숨을 내쉬면서 두 팔
들어 만세를 합니다.

3 -
너무 빠르게 하지는 않되 리듬감
있게 해주세요. 10회 실시.

EXERCISE TIP

♡ 상체를 최대한 고정시키고
   어깨와 복부, 팔의 근력으로만
   실시하는 게 포인트!

2_ Level 2. 찍고 찍어 버피

1 -
서 있는 자세에서 숨을
들이마시면서 양 무릎을 구부려
두 손은 바닥을 짚고, 숨을
내쉬면서 점프해 풀 플랭크
자세를 합니다.

2 -
풀 플랭크 자세를
하자마자 바로 다시
점프해 올라와 만세를
합니다.
10회 실시.

EXERCISE TIP

ⓧ 전신 근육을 사용하는 근력 강화 운동이에요. 시간 대비 효과가
   커 평소 운동을 자주 못하는 분들에게 큰 도움이 돼요. 풀 플랭크
   자세를 취할 때 허리가 꺾이지 않게 주의하세요.

3_ Level 3. 버피+전신 푸시업

1 -
서 있는 자세에서 숨을
들이마시면서 두 손은 바닥을
짚고, 한 다리씩 뻗어 풀 플랭크
자세에서 멈춥니다.

2 -
풀 플랭크 자세를 1~2초간
유지한 후 숨을 들이마시면서
바닥에 무릎을 대고 팔꿈치를
접어 몸통을 바닥에 다
내려주세요.

3 –
숨을 내쉬면서
손바닥으로 바닥을
밀어내며 몸통을
일직선으로 만듭니다.

4 –
숨을 들이마시면서 점핑하며
무릎 굽혀 앉고, 숨을 내쉬면서
서서 만세를 합니다.
10회 실시.

EXERCISE TIP

⏱ 심폐 기능과 전신 지구력 향상에 도움을 주고 체지방을 연소하는
데 큰 효과가 있어요.

4_ Level 4. 버피 테스트 완전체

1 -
서 있는 자세에서 숨을
들이마시면서 양 무릎을 구부려
두 손은 바닥을 짚어주세요.
숨을 내쉬면서 손을 짚은 채

다리만 점프해 풀 플랭크
자세를 합니다. 바로 팔꿈치를
접어 상체를 바닥에 내리며
푸시업합니다.

2 -
풀 플랭크 자세에서
두 손은 바닥을 짚은 채
다리만 점프해 무릎을 굽혀
앉았다 바로 일어섭니다.
숨을 내쉬면서 만세를 하며
점프합니다. 10회 실시.

EXERCISE TIP

☝ 버피의 끝판왕! 추가 동작을 더해 강한 자극은 물론 드라마틱한
   변화를 주는 최고난도 동작입니다.

☝ 처음엔 천천히 해보고 조금씩 속도를 붙여주세요. 높이 뛰지
   않아도 됩니다.

☝ 초보자들은 천천히 해보면서 자세를 익히세요.
   모든 세트가 끝난 뒤 잠시 쉬었다 다시 진행해도 좋습니다.

전신 스트레칭 2

"운동 전 스트레칭이 필수이듯 운동
후 마무리 운동도 꼭 필요합니다.
안 그러면 다음 날 굉장한 근육
통증이 기다리고 있답니다. 다음의
스트레칭은 모두 연결 동작입니다.
순서대로 따라 해주세요. 내가 할
수 있는 선까지! 잊지 않으셨죠?"

1 -
엎드린 후 오른팔은 머리 위로
만세를 하고, 왼팔은 손바닥을
바닥에 댄 후 팔을 굽혀
세웁니다. 이때 왼쪽 무릎을
접어 발끝이 천장을 향하게
합니다.

2 -
숨을 들이마시고 내쉬면서 왼쪽
발끝을 뻥 차듯이 넘겨주며 왼쪽
손바닥으로 바닥을 밀어냅니다.
숨을 깊게 내쉬면서 척추와
몸통 앞면을 길게 늘인다고
생각하세요.

3 -

그대로 왼팔을 가슴 옆으로
활짝 열어주며 겨드랑이도
이완합니다.

4 -

숨을 들이마시면서 왼팔
머리 위로 원을 그리며 다시
바닥에 대고, 숨을 내쉬면서
왼쪽 발끝을 쭉 차며 제자리로
돌아옵니다. 반대쪽도 같은
방법으로 실시합니다.

5 -
모든 동작을 마친 후 엎드린
자세에서 두 손으로 두 발목을
잡고 가슴과 무릎을 바닥에서
띄워주며 스트레칭합니다.
15~30초 이상 유지하다
제자리로 돌아옵니다.

6 -
두 손바닥은 가슴 옆에 세우고
숨을 들이마시면서 머리부터
들어 척추를 길게 늘입니다.

7 -
손바닥으로 바닥을 밀어내며
엉덩이를 들고 엉덩이를
뒤꿈치에 붙여 엎드려주세요.
팔 사이에 머리를 깊숙이
넣어줍니다.

8 -
호흡을 2회 이어간 뒤 숨을
내쉬면서 아래에서 위로
둥글게 척추를 세우며 제자리로
돌아옵니다.

바베바니's 시크릿 홈트

지루한 건 이제 그만!
우리 신나게 칼로리를 소모해볼까요?

1 -
워킹 & 러닝

팔을 가볍게 흔들며 제자리에서
걷다 팔을 힘차게 흔들면서
제자리에서 뜁니다.

2 -
지니암 옆구리 트위스트

두 다리는 모아 구부리고, 두 팔은
〈램프의 요정〉 속 지니처럼 가슴
앞에 포개주세요. 숨을 짧게
내쉬면서 팔과 다리를 반대
방향으로 비틀며 뒤꿈치를 들어
가볍게 뛰어주세요. 20회 실시.

3 -
트위스트 무릎 킥

지니암 옆구리 트위스트를 한
후 무릎을 하나씩 복부 쪽으로
당깁니다. 좌우 15회씩 실시
한 후 좌우를 번갈아가며
15회 실시.

— 중간 러닝

4 -
두 손 귀 옆, 트위스트 킥

손바닥이 정면을 향하게 두 손을
귀 옆에 대고 옆구리를 비틀어
무릎을 당깁니다. 좌우 15회씩
실시한 후 좌우를 번갈아가며
15회 실시.

전신 유산소운동 1

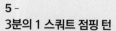

중간 러닝

②~⑤를 1세트
더 실시합니다.

5 -

3분의 1 스쿼트 점핑 턴

두 손을 허리에 올리고 3분의 1
정도 앉은 스쿼트 자세에서
네 번씩 가볍게 제자리
점프합니다. 이때 오른쪽으로
돌아가며 실시! 반대쪽도 같은
방법으로 실시합니다.

— 중간 러닝

6 -
크로스 스쿼트

제자리로 돌아왔을 때 3분의
2 정도 앉은 스쿼트 자세에서
점프하며 다리를 교차해주세요.
바로 다리를 열며 돌아와
반대쪽도 같은 방법으로
실시합니다. 좌우 20회씩.

7 -
드롭 스쿼트

두 팔이 일직선이 되게
옆으로 나란히를 합니다. 숨을
들이마시면서 엉덩이는 높게
하고, 상체는 앞으로 숙입니다.
이때 오른손은 바닥을 터치하고
왼팔은 천장을 향해 뻗습니다.

숨을 들이마시면서 점핑!
두 팔은 차렷! 바로 다리를 열어
드롭 스쿼트. 반대쪽도 같은
방법으로 실시합니다. 좌우
10회씩.

8 -
심호흡하기

제자리 걸음. 숨을 들이마시면서
두 팔로 머리 위에 크게 원을
그리며 심호흡합니다. 숨을
내쉬면서 다시 원을 그리며 두
팔을 내립니다. 천천히 심호흡을
5회 반복합니다. 심호흡 후
2세트 반복.

전신 유산소운동 2

1 -
워킹 & 러닝

두 팔을 가볍게 흔들며
제자리에서 걷다 힘차게 흔들며
뜁니다.

2 -
가드 올려 제자리 뛰기

주먹을 쥐고 얼굴 앞으로 가드를
올려 제자리 뛰기를 합니다.

3 -
왼팔, 오른팔 업 펀치

왼팔 먼저 천장을 향해 잽 10회.
오른팔도 잽 10회, 왼팔과
오른팔을 번갈아가며 잽 10회를
날립니다.

4 –

왼팔, 오른팔 사이드 펀치

왼팔을 왼쪽으로 펀치 10회,
오른팔을 오른쪽으로 펀치 10회.
좌우를 번갈아가며 펀치 10회를
합니다.

5 –

왼팔, 오른팔 크로스 펀치

왼팔을 오른쪽으로 펀치 10회,
오른팔을 왼쪽으로 펀치 10회,
좌우를 번갈아가며 펀치 10회를
합니다.

6 –

업, 사이드, 크로스 펀치 교차

③~⑤를 한번씩, 10회
반복합니다.

_ 중간 러닝

7 -
허리 손 무릎 터치

두 손을 허리에 올린 후
오른손으로 왼쪽 무릎에 터치
15회, 왼손으로 오른쪽 무릎에
터치 15회를 합니다.

8 -
깍지 껴 무릎 킥

두 손을 깍지 낀 후 머리 위로
듭니다. 왼쪽 무릎을 당겨 킥
15회, 오른쪽 무릎을 당겨 킥
15회를 합니다.

— 중간 러닝

— 중간 러닝

9 –
치어리더 싱글 킥

오른쪽 팔꿈치와 왼쪽 무릎이
만나도록 킥을 15회 한 후
같은 방향으로 팔과 다리를
뻗어 교차해주세요. 반대로
왼쪽 팔꿈치와 오른쪽 무릎이
만나도록 킥을 15회 한 후
같은 방향의 팔과 다리를 뻗어
교차합니다.

10 –
심호흡하기

⑦~⑨를 2회 실시한 후 5회
심호흡하며 마무리합니다.
2세트 반복.

전신 유산소운동 3

1 -
워킹 & 러닝

두 팔을 가볍게 흔들며
제자리에서 걷다 힘차게
흔들면서 뜁니다.

2 -
두 팔 위에서 당겨 내리기

제자리에서 뛰며 두 팔을 쭉 펴
머리 위로 올렸다 주먹 쥐며
팔꿈치를 당겨 어깨선까지
내립니다. 10회 실시. 이때 팔은
팔꿈치를 구부려 팔이 W자가
되게 아래로 계속 당깁니다.
팔 동작을 유지하면서 왼발을
뒤로 차며 10회, 오른발을 뒤로
차며 10회 실시합니다.

3 -
두 팔 등 뒤로 당겨

가슴 앞으로 두 팔을 뻗고 등
뒤로 팔꿈치를 당깁니다.
10회 실시. 왼발을 뒤로 차며
두 팔을 등 뒤로 당겨 10회,
오른발을 뒤로 차며 두 팔을
등 뒤로 당겨 10회, 왼발과
오른발을 번갈아가며 뒤로 차며
두 팔을 등 뒤로 당겨 10회 실시.

4 -
두 팔 아래에서 당겨

두 팔을 허벅지 옆에 내리고
팔꿈치가 천장을 향하게
당깁니다. 10회 실시. 왼발을
뒤로 차며 팔꿈치를 위로 당겨
10회, 오른발을 뒤로 차며
팔꿈치를 위로 당겨 10회.
왼발과 오른발을 번갈아가며
뒤로 차며 팔꿈치를 위로 당겨
10회 실시.

_ 중간 러닝

5 -
문을 열어, 암 오픈

두 손바닥이 얼굴을 향하도록
합니다. 얼굴을 스캔하듯이
팔을 양쪽으로 열었다 닫아주며
뛰어주세요. 10회 실시. 왼발을
뒤로 차며 암 오픈 10회, 오른발을
뒤로 차며 암 오픈 10회, 왼발과
오른발을 번갈아가며 뒤로 차며
암 오픈 10회 실시.

6 -
암 오픈, 트위스트 킥

두 팔을 얼굴 양옆으로 90도로
연 후 무릎을 당겨 상체를
비틀어주세요. 왼쪽으로
10회, 오른쪽으로 10회,
좌우를 번갈아가며 10회 실시.

7 -
암 오픈, 제기차기

두 팔을 얼굴 옆으로 90도로
열어주세요. 오른손으로 왼쪽
발목을 터치하며 10회, 반대쪽도
같은 방법으로 10회, 왼쪽과
오른쪽을 번갈아가며 10회 실시.

8 -
스쿼트

두 손을 깍지 낀 후 가슴 앞에
모으고 그대로 팔을 머리 위로
올리며 스쿼트 자세를 합니다.
일어서며 왼발을 뒤로 차고
두 손은 깍지를 풀어 밑으로
뻗습니다. 10회 실시. 오른발을
뒤로 차며 10회, 왼발과
오른발을 번갈아 뒤로 차며
10회 실시.

9 -
심호흡하기

천천히 심호흡 2세트 반복.

바삐바니의 슬림핏 다이어트

인스타 홈트 여신 강현경의
예쁜 핏 살리는 **10일 홈 트레이닝**

1판 1쇄 인쇄 2019년 2월 25일
1판 1쇄 발행 2019년 3월 14일

지은이 강현경
발행인 임채청
콘텐츠비즈팀장 김현미
편집장 박혜경
기획·편집 강현숙
진행 백민정, 정세영
사진 & 동영상 김연제
사진 제공 강현경, 디어달리아, 뉴발란스 우먼스, 프레쉬
동영상 편집 홍중식
디자인 에브리리틀씽
교정 고연주
인쇄 삼성문화인쇄
펴낸곳 동아일보사
등록 1968.11.9(1-75)
주소 서울시 서대문구 충정로 29(03737)
편집 02-361-0965 팩스 02-361-0979

ISBN 979-11-87194-65-1 13690
값 15,000원